大是

高收入的能力 學校沒教

畢業面對的第一個問題，就是賺錢，
但沒有教授會教——
現在知道，你少奮鬥10年、20年

《你只是看起來很努力》百萬暢銷書作家

李尚龍——著

CONTENTS

第二章 焦慮下一步，還是走好這一步？ 121

推薦語

本書分享了大學生到成熟職場人最想、也最需要經歷的知識觀點，「學歷是否重要？」、「英文能力重要嗎？」、「職場必備的生存技能是什麼？」，這些都是我平常諮詢，或校園演講中常常被問的問題。

作者對於大學中最值得做的事、職涯闖蕩不可少的心態，和成長思維的觀點非常獨特。我非常贊同，也覺得書中分享的故事十分生動、貼切，甚至認為不只是大學生必看，也很推薦給剛出社會的新鮮人閱讀。

看完後，如果能馬上開始實踐書中觀點，我相信非常有機會能在職場中高效爭取到一席之地，並且能更有意識的接近自己的理想生涯！

——《完全求職、轉職指南》作者／Irene Chang 艾琳

學歷不等於能力，這是因為學習不該在畢業的那一刻就停止，尤其在科技發達的現在，網路上提供了各種學習的機會，真正的智慧並不來自於學歷，而是來自於對知識的渴求。

擁有自學能力比亮眼的學歷還更有價值，只要透過持續學習以及不斷進步，便能在職場上創造出對應的成果與經歷。作者在書中提到的各種思維，便是鼓勵我們擺脫傳統思維的束縛，重新將人生掌握在自己手上。

——職場創作者&科技業產品經理／小人物職場

學歷不等於能力，卻是一張現實的職場入門票；沒有好學歷，就必須學會說好自己故事的能力。《高收入的能力，學校沒教》充滿真誠且句句精準，作者從過來人的角度分享職場必須知道的觀念與常識，非常推薦給社會新鮮人閱讀，並內化應用。

新世代的年輕人有許多優點：反應快，對於科技的適應與學習很快速、有創意……但是，當你們直接面對主管、客戶、陌生人時，又有多少人可以自信、順暢的表達自己的想法，並且達到共識呢？

而這就是職場中非常需要的即戰力——溝通技巧與人際應對之情商。這樣的技能需要非常多的刻意練習，也是人生中非常重要、但「學校沒教的事」。因為多年前有同樣的體悟，所以我也致力在 Podcast 節目中宣導。

《高收入的能力，學校沒教》用平易近人的方式，分享許多實用的內容，真心推薦大家可以好好閱讀吸收，讓自己的技能躍進，成為一個更好的專業人士。

——Podcast《那些學校沒教的事》節目創辦人／Janet Lin

自序

寫給臺灣讀者的序

我們這一代人其實是看著港臺的電視劇和綜藝節目長大的，也是聽著周杰倫和五月天走到三十歲的。可惜的是，因為眾所周知的原因，很長一段時間，我們的文化不曾有交流。

我拿到的第一本臺版書，書名我已經忘了，只記得當時看不懂，不知道這到底是在講述哪個時代。等到長大後能看懂了，又不願懂了。**人就是這樣，每一個年紀都有自己願意懂的，也有自己不想弄懂的。**

好在，我還記得當時我認出好多繁體字，跟我姊姊說：「妳看，這字好複雜，但我能看懂。」姊姊說：「我不信。」於是我當著她的面，唸出了好多字。她至今仍不知道，國小三年級的我是怎麼認出這麼多字的。其實，我無非是因為在電視上聽一些歌曲時看到了字幕，那字幕是繁體字。那是我第一次知道，原來很多發音一樣的字有著不同的寫法。這也是我第一次知道，文化可以飄洋過海。

我曾經跟家人講，如果未來有機會，我希望在臺灣長住。因為那裡有蔚藍海岸、有清澈的空氣，和無敵美味的滷肉飯、蚵仔煎。

二〇一七年，我第一次去臺北辦簽書會，在那裡講了很多我讀大學的事。很多故事，我以前都不敢講，但那時對著麥克風，講著講著我就哭了。我從來沒想過，我的這些故事還能被講出來、被人聽到。還記得臺下有一位聽眾說：「看來海峽兩岸優秀的年輕人特性都一樣。」

我讀的大學和其他大學不一樣，是軍校。那時我剛滿十八歲，對未來充滿著希望，但現實把我打得體無完膚。不過我沒有想過放棄，一次又一次在教室裡苦練英文口語，讓自己有機會在大學四年裡磨練出一技之長，後來大三輟學去新東方[1]當老師。一天又一天在痛苦裡寫日記，讓我在幾年之後，竟然可以透過稿費謀生。這些都是之前的我無法想像到的。

從軍校輟學後，我看過臺灣的一部電影《軍中樂園》，一共看了三遍。看第一遍時，我想到自己的經歷。看第二遍時，慶幸自己按照自己的想法過活了，要不然我可能要被迫按照自己的活法去想。看第三遍時，我驚訝的發現，海峽兩岸的年輕人，遇到的困境和困難竟然是一樣的。

那年，我正在寫一本書叫《大學不迷茫》。熟悉的讀者特別喜歡問我：「為什麼你寫東西總是透著濃濃的青春感，無論是小說還是雜文，都給人感覺像回到了大學四年。」我說，因為大學沒讀完，或者說，因為沒有讀一所普通的大學，是我一輩子的遺憾。

《大學不迷茫》在二〇一七年寫完，竟然在中國賣了一百多萬冊。那時我正在創業，很多年輕人都說這本書給了他們無與倫比的力量，但我心裡特別忐忑。因為我知道，我這一套在現在的大學生群體裡可能已經過時了。現今的大學邏輯早已發生了變化，比如原本的大學生之所以叫天之驕子，是因為好像所有的知識都只能在大學裡留存，但現在的大學只能保證你掌握常識、只能保證你不是個文盲，所以你更需要在網路上找到自己需要的一切。這意味著，你學習的邏輯需要

1 中國目前規模最大的教育訓練機構。

變化。

於是我在二〇一九年決定重寫這本書，誰能想到，疫情來了。這突如其來的疫情反而讓我能安靜下來重新思考，就這樣，我一點點的改，一字字的修，終於，在疫情結束之後，這本書出版了。這本書，就是寫給大學生的。

三年疫情期間，我再也沒有機會去寶島臺灣，但我經常自己點一份滷肉飯和蚵仔煎在家吃。當得知這本書能在臺灣大是文化出版，我很開心，因為我知道，海峽兩岸的年輕人遇到的麻煩和困難依舊相似，因為兩岸的關係就是「打斷骨頭連著筋」，也正因為如此，這本書應該對海的對岸的年輕人也有啟發意義。

因為青春是相通的。

就像那時我們看的臺灣的電視劇、綜藝節目的演員和藝人，現在也到中國發展；我們一直聽的周杰倫和五月天，也在北京工人體育場和鳥巢國家體育場朝著我們招手。我們的書也開始流通，讓彼此更加了解對方。中國的經濟實力這些年的確飛越了，但臺灣文化無論在何時都給我們啟發，就像這次 #Me Too 運動，從臺灣的藝人到政客、從明星到偶像，都在給我們一個啟發的聲音：時代變了。

對於那時我們了解的偶像，我們可能已經不感興趣，因為我們已經長大，不再有青春，只剩下青春的感悟，但其實每個年代年輕人的迷茫都是相通的。

所以，用這句話結尾：希望這本書，能讓那些年輕人和曾經的我們一樣，雖然迷茫，但好在一直朝前。在他們將來長大，回首往事時，能有個無悔的青春。

前言
高收入的能力，學校沒教

這本書從第一版到今天，已經六年了。

六年，對很多人來說，像一輩子；對於很多年輕人來說，剛好從高三到大學畢業。

記得準備動筆寫這本書時，我還在給大學生上有關英語四六級[1]的課。那年，我才二十六歲，已經是教育訓練機構的名師。那時，我聯合創始的公司考

1 全國大學英語考試，俗稱「大學英語四六級」，為中國檢測在校大學生英語能力的檢定考試，相當於臺灣的全民英檢、多益。

蟲網[2]經過D輪融資[3]，估值四億美元[4]，而我每年能影響的大學生約有二十多萬人。

那些年，我從在軍校立二等功、大三退學到新東方教書，一邊寫作，一邊創業，做了中國當時最大的輔導英語四六級、考研[5]的App。再後來我透過寫作有了點影響力，於是一邊寫作，一邊教課。三十歲那年，我辭職創業，做了自己的品牌。這些事情，如同一瞬間、如同一輩子，實際卻是六年前。

那段日子，我幾乎每天都在跟大學生打交道，有時候一天上十小時的課，連續上三十多天。就在那時，我決定動筆寫一本有關大學生的書，也就是《大學不迷茫》。

一晃，這本書已經發行了不錯的冊數；一晃，我離開教育訓練機構，有了屬於自己的團隊；一晃，我曾經所在的教育訓練機構幾乎消失了；一晃，第一批讀《大學不迷茫》的同學，好多已經在工作、已為人父母，而我，也三十好幾了。

那個時候，我們之中大多數有夢想的人都希望去美國留學，現在越來越多的年輕人覺得考公務員才是真正「香」；那個時候，我們都希望能和校園裡的戀人一畢業就結婚，現在越來越多的人選擇單身，不願開始一段感情……那個時候和現在的十八、十九歲的年輕人，身體構造沒有不同，但時代變了，我們想的，又有太多不一樣。

所以，重寫這本書，對我來說的確是一件難度極大的事。我採訪了很多大學生，許多是「〇〇後」[6]。我突然意識到，雖然時代不一樣，但我們遇到的困惑從未改變；雖然網際網路提供給他們大量的資訊，但其知識結構依舊和當年相差不大；雖然知識隨處可得，但在經驗層面，仍和當年的我們一樣迷茫。

沒有網路時，上大學學到的知識能讓一個人的知識體系快速變完整。因為那個時候知識匱乏、資訊不對稱，一個人和其他人的差距能在四年裡變得巨大。可

2 作者和朋友創建的大學生英語學習平臺。

3 企業融資的順序是種子輪、天使輪、ABCDEF……輪，之後是上市。到C、D輪時，代表項目已經非常成熟，在行業內排名很前面了，一般是持續擴展中的用錢，包括和競爭對手互相燒錢，或者準備上市。

4 美元兌新臺幣的匯率，本書以二〇二三年四月十四日，臺灣銀行公告之匯率三〇．九六五元為準，此約新臺幣一百二十三億八千六百萬元。

5 全國碩士研究生招生考試。

6 指二〇〇〇年一月一日至二〇〇九年十二月三十一日出生的人。

是，在資訊高度對稱、想要什麼一搜尋就可以、「人人都是大學生」的今天，你會發現**大學裡大多數所謂的知識，不過是「常識」，讀大學只能讓你有常識**。所謂常識，就是一般性的知識。那麼，一個只具備一般性知識的人，只能成為一般人，不能變得出類拔萃、與眾不同。

今天的大學，在很多時候，就是一種為你保底[7]的「失業保險」，讓你不至於餓死，讓你成為一個體面的普通人。但讓你成為一個優秀，甚至鶴立雞群的人，可能性不大。

可是，這能說明讀大學沒用嗎？不能。

我問過很多人，讀大學究竟是讀什麼。曾問過一個大學生，他和專科生有什麼區別？他說：「我們比專科生多玩了一年。[8]」

這聽起來像個玩笑話，但你走到街上去問大學生，得到的答案好像相差不大。專科生能保證自己在畢業後有一門手藝，大學生畢業後能幹什麼呢？這是個很有趣的問題，我想很多大學生也對答案感到好奇。

記得我剛進大學，度過了一個學期，大家相聚在老家，同學們說得最多的一句話是：「大學和高三真不一樣。」

是的，大學不是高四。**如果說高中生活是老師手把手的教會你技能，大學生活最多是老師給你一個方向，剩下的路，你要用自己的雙腿走完。上了大學，你只有自己一個人。**這就是為什麼那麼多同學來到大學後第一反應是迷茫：那麼多自由的時間、那麼多寬鬆的要求、那麼多想去就去的地方、那麼多可以追求的男同學或女同學，到底該做些什麼？

於是，大一沒反應過來，大二就開始了。

多少人把生活過成了文學小說：大一《吶喊》、大二《徬徨》、大三《沉淪》，大四因為要找工作，所以《朝花夕拾》[9]。

在一次演講上，有一個學生跟我吐槽：「我是覺得，上了大學，自己並沒

7 保住原有基礎，保證不低於最低額，多用於口語中。

8 在中國大學生稱為本科生，修業期限以四年為原則，而與本科相對的是專科，修業期限以三年為原則，相當於臺灣的三專生（早期提供高中畢業生報考的專科學校，畢業之後學歷等同於大學三年級。已於一九九〇年代全數廢除）。

9 《吶喊》、《徬徨》、《朝花夕拾》三本的作者皆為魯迅，《沉淪》一書作者為郁達夫。

有學到任何東西。大學好像一個『收容所』，收容了我們四年。這四年，就是為了讓我們不鬧事，把我們圈在這。我浪費了四年的青春。到頭來，我還是當初的我，什麼也沒學到。」我站在臺上，正想著應該回覆什麼，臺下響起一片掌聲。

所以，大學生與其他人究竟有什麼不同？

我已經離開大學很多年，這些年，我在職場、文化界以及商界見過很多優秀的人。為了寫這本書，我請他們列出自己認為大學四年裡最重要的能力是什麼。我採訪了二十多個人，選取了一百多個詞，結果跟我想的差不多，排名第一的不是溫柔、善良、果斷、夢想……而是**自學能力**。

這二十多個人，有些是企業高階管理人，有些有著兩家上市公司，但這些人中沒有「狀元」，只有兩個人來自清華、北大（北京大學簡稱）。讓我感到驚訝的是，這群人中，竟然有四分之一來自非一本院校[10]。

這也是本書要探討的一個問題——為什麼有些人讀了二流學校，卻過上了一流人生？他們不約而同的告訴我，**在大學，自學很重要**。

後來我慢慢明白，在這個瞬息萬變的時代裡，自學能力強就意味著這個人可以隨心跨越專業，肆意茁壯成長，進入新領域瘋狂躍遷，即使跌落谷底，也能馬上找到上升的法門。這樣的人，就是這個時代不可多得的人才。可惜的是，大多數人不知道怎麼在新領域做到爆發式成長。

除了自學，第二個能力也引起了我的注意——**獨立思考**。

獨立思考的反義詞，叫人云亦云。我想，你也知道為什麼這個能力那麼重要。獨立思考意味著不隨波逐流、不害怕權威、有自己的思考和見解，最重要的是，懷疑一切。在這個世界，命好不如習慣好。**遇到一件事，要麼證實、要麼證偽、要麼存疑。在大學養成這樣的習慣，面對未來的一切，都有自己的方法論。**一個經過獨立思考卻得出錯誤答案的人，和隨波逐流得到正確答案的人相比，前者能走得更遠。

總結一下，這就是**優秀大學生必須具備的能力，也是你在大學四年一定要學會的軟技能：自學能力和獨立思考**。

當然，還有更多需要探討的，都在後文中。

10 在中國一本是指全國重點大學，二本是指普通大學。

再一次提筆寫大學，已經是三十多歲的年紀，我採訪了很多大學生，看見他們的笑臉和提出的問題，我總會感嘆，果然自己這一代人已經老去，但總有人年輕著。

沒有人的青春是不迷茫的，但我們可以透過掌握方法論，少走彎路。面對這些彎路，如果你身在局裡，反而看不清。但如果你在上帝視角俯瞰這四年，或許能有不一樣的啟發，看問題也會更長遠。

先聲明，這是一本很功利、實用的書，不期待以下兩種人去讀：

第一，想得到正確答案卻不想思考的人。

第二，對功利毫無興趣、活得很瀟灑的人。

就從這裡開始吧。

這是一個三十多歲的大哥哥寫給你的知心話，書裡的道理，是很多人踩過坑後明白的；其中的故事，也都是真實的。因為需要，書中人物都隱去了真名，只希望對你有用。

第一章

沒學歷不會完蛋，但人生會變困難

01 學歷不等於能力，卻是職場入門票

學歷是「敲門磚」，要是敲不動門，就要學會自我升級。

當你走進大學，不管你承不承認，你都期待四年（有些科系是五年）後拿到一張學歷證書。

很多人不滿意自己現在的學歷，想要考研究所，但在探討這個問題前，你有沒有考慮過，學歷的作用是什麼？

我問過很多同學，大多數人對以下幾個問題感到迷茫：我應該考慮插大？我應該考研究所嗎？更有甚者，問：我應該讀完大學嗎？

我想，任何一個直接為你作答的人都是不負責任的，這篇文章，將會從更高的視角幫你分析學歷在人生中的作用，希望你在迷茫中有所收穫。

沒有好學歷，那就講好自己的故事

大多數的徵人網站上都寫著幾個字——大學學歷。我曾經問過一位人力資源部的朋友：「如果一個人能力超強，卻沒有大學學歷，你們要他嗎？」

他反問我：「那他憑什麼證明自己能力強呢？」

我說：「證明能力強的方式有很多，當你長期觀察他後就會了解。」

他說的話，讓我印象深刻：「在競爭這麼激烈的職場中，你又有多少時間可以從頭了解一個人呢？」

的確，如果你是老闆，你會僱用沒有駕照，卻說自己開得很好的司機，還是有駕照且被他人證明開得很好的司機？我想，這就是學歷的用途——敲門磚。

有些人能力很強，有學習之外的超強本事，此時，學歷就不那麼重要了。比如作家韓寒，他的文字技能，在當時就超過了學歷的背書；網路名人羅永浩的演講能力家喻戶曉，所以他的影響力，直接打破了學歷的限制。

但有件事不能被忽略——他們都用了很長時間，在公共領域裡有很多表現。

所以，對於一般人來說，**學歷很重要，因為它會節省很多溝通成本**。你只要說來自北大，就不用再多說去證明自己的優勢和能力；你只要說畢業自頂大（頂尖大學），就不用多說你十八歲那年是多麼努力。

原本你需要說好多話來證明自己的才華，但只要拿出一張來自頂大的學歷證書，就能省下很多講故事的時間。如果你沒有像樣的學歷，請記住多花點時間講好自己的故事，這也是一條很好的路。

你可以在大學四年參加各種比賽和競賽，用證書去證明自己的能力；你可以去實習，用同行的推薦打破學歷對自己的束縛。總之，你要有超乎學歷的東西去代替學歷，將其寫在簡歷裡變成敲門磚。此時此刻，學歷就不那麼重要了。

可惜的是，大多數人並沒有那麼強的技能背景，也沒有那麼閃閃發光的能力，那麼學歷就是一塊很重要的敲門磚。

當學歷影響自己找工作時，你就應該考慮用一段時間去提升自己的學歷，讓自己在職場上更有競爭力。

我的一位專科學生連續三次面試被公司拒絕，第三次的時候，我建議他發個訊息給人資專員問問為什麼，他照做了，人資專員的回覆內容只有一句話：「我們只要大學生。」此時，**當你的學歷敲不動門，你就要學會升級迭代，讓自己有**

超乎學歷的敲門磚。

我大學讀的是軍校，大三就退學了，之所以能很快找到工作，是因為當年我參加了一個英語演講比賽，拿了北京賽區的冠軍，最後還拿了全國季軍。大學時，我不僅高分通過英語四六級考試，還參加了大量的辯論賽、全國級別的競賽，拿了許多獎。感謝那些痛苦的時光，讓自己的「磚頭」鍍了金。我看過一篇文章叫〈技術強人「越獄」記〉，描述一個程式設計技術超強的人，憑藉自己的努力，實現了命運的逆轉。只要你有一技之長，你的世界版圖就會很大。

大學是人才在相同領域的聚集

在網際網路時代，越來越多的人開始問這個問題：史丹佛大學（Stanford University）的公開課、北京大學的經濟學課程，在網路上都能找到音訊和影片，那我為什麼還要讀大學？

讀大學真的只是為了那幾堂課嗎？只是為了那張學歷證書嗎？不是的。**讀大學，最重要的是遇見相同領域的人才**，這些人在你的大學四年裡，可比那幾門課重要多了。你會發現這個時代，英雄都是成堆的、成群成群的出現。所以，想要變得優秀，你就要學會和優秀的人交朋友，就要從在大學裡選擇合適的群體開始。**你可能沒有考上一流的大學，但你要和一流的人交朋友**。在後面（見第三〇八頁），我們會講到，假設你是普通院校的學生，該如何和一流的人交朋友。

從這個角度來看，學歷是有用的。因為好的學歷，確實保證了你在一個好的圈子裡。我跟一個學生聊過天，他大學修的是法律，想轉系學音樂，問我這樣還要考研究所嗎？我說要，他說：「做音樂也要考研究所？」我說：「原則上，音樂領域不需要學歷，而是需要經歷，但是你需要跨到一個新圈子裡，一個做音樂的圈子。」後來，他還是沒考上研究所，但是在考研究所的路上，他認識了好多做音樂的朋友，現在在幫某位知名歌手做音樂。

假如你並不喜歡自己的專業領域，又想成為另一個領域的人才，那麼在你沒有任何社會資源時，提高學歷或改變專業領域，是非常聰明的做法。

因為當你考上研究所，或者科大轉普大學歷，不僅代表你成功跨了界，而且身邊的朋友圈將會發生改變。這些朋友，在你轉變人生軌道時，將變得十分重要。同樣，當你覺得自己在本科領域還需深造，比如你學的是學術性非常強的專業領域，提高學歷的意義也就變得重要許多。

為逃避職場而提高學歷是不明智的

許多時候，我們在同一時間裡，只能全力做好一件事情，因為每個人的時間成本和精力成本有限。比如你考研究所時，就不可能全心全意做一份工作。所以，當你選擇讀研究所，基本上也就意味著放棄了全職的工作。

我有一個朋友決定考研究所，三年後[1]，他重新回到職場，發現找自己進來的主管正是大學的同學。在社會上有一句很負能量的話：其實，研究生不過是比大學生多混了三年。後來那個朋友跟我說：「早知道早晚要找工作，還不如早點找，也就不用在老同學手下幹了。他當年還不如我呢。」

1 一般來說，臺灣研究所的碩士班通常會有一年至四年的修業年限；博士班則有兩年至七年的修業年限。雖然常聽到「研究所讀兩年就可以畢業」，但實際上研究所的修業時間，必須依照系所的性質與學生自身的學習計畫安排而定，因此平均年限僅供參考。

為拖延找工作而提高學歷是不明智的，因為這件事早晚要來，與其讓它晚點來，不如早點面對。而且，我們都應該明白：工作中的邏輯和學校中的邏輯完全不同，兩者的學習方式和途徑也完全不一樣。

你會發現學校的佼佼者，有時候在工作中表現一般；你也會發現一個工作能力很強的人，原來在學校不過是中等學習成績。但相同的是，不管在哪都是學習，學習是永無止境的。如果你只是為了拖延進入職場而提高學歷，對不起，最終吃虧的還是你自己。

能力不夠，學歷來補

考研究所和科大轉普大的另一個好處，就是彌補了自己學歷的不足。比如，當你考上了北大的研究所，別人問你學歷時，你就很容易略過自己的第一學歷。另外，提高學歷也是和能力互補的一種重要方式，**當無法評估能力，或者自己的能力實在不強時，好的學歷無疑能作為彌補**。

我見過一個人，畢業十多年了，還在說自己是北大畢業的。這雖然是一種挺令人討厭的表達（這說明十多年來他沒啥進步，一直在誇耀十八歲的那場考試），但確實很唬人。哪怕這十多年，他沒什麼建樹，甚至工作能力很一般。

現有教育制度的確存在一些問題，但有兩種情況是十分公平的，就是任何人都可以在接受義務教育後參加學測、大學畢業後都可以參加研究所考試。這是階層躍遷的通道，而且每年都有機會參加。每年都有機會，也就意味著，每年都有改變生活的無限可能。

正是這樣的路，給了無數學子一些希望，但我也想告訴各位：正視這次考試、正視我們的學歷，但別認為這就是生命的全部。

最後，我想跟大家分享一個真實的案例。我的朋友威哥，讀的是警校，大四那年，他一邊考研究所，一邊找工作，一年後，他找到了自己理想的工作，同時考上了研究所。我的另一個朋友小曲，同樣是一邊找工作，一邊考研究所，但最後，研究所考試落榜，工作也找得一塌糊塗。他們兩個的區別在哪？區別在於，他們對這件事情的認真程度、內心渴望和從內到外的能量。

威哥在決定兩條路同時走後，放棄了所有的社交活動，白天投履歷參加實習，晚上準備考試，下午有空還去慢跑五公里；而小曲呢，用她自己的話說，她還在KTV背過單字呢！

小曲說自己很努力，我問她：「在那裡背單字，妳背得進去嗎？」她捨不得放棄的東西太多，看似在同時走兩條路，實則每天的社交活動、和男朋友依依不捨、購物、追劇都沒落下，那些看起來很努力的時光，只是感動了自己。

所以，當你問：**我是應該追求學歷，還是找工作？我想說，我們真的可以同時走兩條路，然後驕傲的登頂，只是看你捨不捨得花那麼多工夫、捨不捨得放棄一些東西罷了**。

當一個人問兩條路應該走哪條時，聰明的人已經踏上了征途，他們一邊走，一邊做選擇。後來發現，其實都是爬山，山頂上往往包含兩條路的終點。

學校沒教，你該趁早知道的事

1. 學歷很重要，因為它會節省很多溝通成本。
2. 你要有超乎學歷的東西去代替學歷，將其寫在簡歷裡變成「敲門磚」。學歷就不那麼重要了。
3. 讀大學，最重要的是遇見相同領域的人才。
4. 你可能沒有考上一流的大學，但你要和一流的人交朋友。
5. 當無法評估能力，或者自己的能力實在不強時，拿學歷來補。

02 好的身體，都是在大學四年養成的

世界很大，你要自給自足。因為每個人都要學會獨自長大。

大學和高中的區別在於，高中時老師是手把手的教你走每一步路，大學教授會給你指一個方向，剩下的路，你要自己走完。進入社會後，你會發現沒有任何人給自己指明方向，**世界很大，你要自給自足**。因為每個人都要學會獨自長大。

這個世界上的所有高手，都有著超強的自學本領。很多重要的技能，也得靠自學去掌握。我會在後面（見第一二二頁）說到利用網路搜尋資料的重要性。

演講和寫作的能力

之前有人問過我：在大學裡，哪些能力是老師不教，但你覺得最重要的？

我的答案從來沒有變過——演講和寫作。因為它們是能讓你在短時間裡最快提升影響力的兩種方式，而且都是以一對多為基礎，從自己出發，影響更多人。

演講能讓人變得思路清晰，寫作能讓人變得有智慧。演講不僅僅是口才的展現，更是思路的表達；寫作不僅僅是表述，更是思維的傳遞。關於演講，後面（見第一四四頁）會再詳述。

無論你以後做什麼工作，想要做好，都會涉及演講和寫作。好的演講讓人舒服，好的文章也讓人心曠神怡。那麼，該怎麼練習呢？我長話短說。

演講和寫作都是輸出的過程，在此之前，你應該大量的閱讀、廣泛的涉獵。大學四年最美好的，就是你有大把的時間去圖書館讀書。不要問該讀什麼書，因為答案是什麼都該讀，一個人的知識結構應該是立體的。這些閱讀時間，能讓你變成更好的自己。只有讀得夠多、看得夠多，才能跟別人有東西可講，得到別人的認可。

每個演講者都曾有過上臺前極度緊張的時刻，每個寫作者都曾有過寫著寫著就寫偏的日子。能清楚的表達自己的想法，並且在幾千字內都沒有離題，本身就是一件很難做到的事情。

你可以試著每天寫點東西，或者時常一個人對著牆講一段話。因為熟能生巧。更重要的是，抓住每一個上臺演講的機會。畢竟，這種機會很難得。你可能會覺得，這不是有病嗎？誰會這麼做？我就是這麼做的。

看過我演講的都知道，在大學時，我每天會對著牆講四十至六十分鐘的英語，堅持了八個月，雷打不動[2]。之後我才有了當英語老師的機會。

說英語的能力

我們的英語教育一直是應試模式，我是當了老師後才知道，很多英語考試竟然是不考聽力的，學生學著學著，就學成了啞巴英語。聽不懂，說不出，只能比畫。上大學後，終於有了英語四六級考試考聽力，可是這麼多年，英語四六級考試竟然把口試當成參考測試，太多學生學了這麼多年英語，看見外國人依舊無法順暢的開口，那學英語有什麼用？

好在這種情況現在已經得到了改善，我們這一代人，大都有著一個看世界的夢，站在國際視角上，活在網路平臺中，這樣的一代人，一定是盯著世界的。可惜的是，英語口語能力不好，怎麼看世界？

大多數學校的英語課也就上到大二，課堂上能讓你開口講英語的機會屈指可數。所以，學好英語口語的任務就交給你自己了。

那該怎麼自學口語？

- **晨讀**：不要小看晨讀，那些每天都晨讀的人，不但英語口語的穩定度能提升，每天的精神都有很大的改善。長期晨讀的人，英語口語能力一定不會差。而且因為長期晨讀，每一天可練習的時間也都變長了許多。
- **跟讀**：你可以選擇一部美劇或電影，帶有中英文字幕的那種，然後一句句的跟讀。一部美劇、電影，看第一遍時都只會看劇情，你可能哭得要死，笑得一塌糊塗，早就忘了還有練習口語這回事。只有看第二遍，而且不停的按暫停鍵跟讀，才是提升口語的最好方式。最重要的是，一定要堅持。

2 比喻意志堅定，不可動搖。

- **多參加考試：**考完大學英語考試，你還可以去報考多益（Test of English for International Communication，簡稱 TOEIC）、托福（Test of English as a Foreign Language，簡稱 TOEFL）、劍橋商務英語（Business English Certificate，簡稱 BEC）、雅思（IELTS）等。考試不是目的，當你決定考試時，是有短期目標的，人只有擁有短期目標，才不會放棄前進的道路。考試是結果，提升英語能力才是目的。英語口語也是一樣。

練習一項體育技能

上高中時，我們最喜歡的就是體育課；上大學後，逃得最多的也是體育課。這是真的，我見過無數學生在上體育課時，找各種理由蹺課。

後來，我開始工作，明白了一個道理：**所有人拚到最後，拚的都是體力**。所謂天賦、家庭背景、學校，在市場經濟下都不能迅速的區分兩個人，無論一個人天賦多差、家庭背景多不好、受教育程度多一般，只要有好的身體，磨都可以把對手磨死。

那你肯定會問了，既然身體這麼重要，我畢業後再鍛鍊難道不行嗎？畢業後，往往工作已經耗費了自己最有精力、最有效率的時光，晚上回到家，不是想睡覺，就是想看電視，然後趕緊睡覺，哪裡還有閒情運動？好的身體，往往都是在大學四年養成的。有自己喜歡的固定體育運動，並且每週都有幾天飛馳在操場上、健身房裡，大汗淋漓的感覺，永遠比躺在床上更能讓青春無悔。

領導和交流能力

有一本書叫做《領導力21法則》（*The 21 Irrefutable Laws of Leadership*），作者是約翰．麥斯威爾（John C. Maxwell），裡面講了成為一個優秀領導者的二十一條法則，寫得不錯。但我看完後發現，其實大可不必每條都照做，因為理論知識再怎麼明白，也不如當一回領導者學得直接。

我鼓勵大家參加學生會和社團，但是一定要挑選，不是為了名利，而是為了獲得這麼一個平臺——能鍛鍊自己的交流能力、領導能力。

成為好領導需要具備的條件很多，比如擔當、責任、度量、膽識……這些都要在實踐中獲得。

大學畢業後，你會發現同班、同宿舍同學的關係，往往沒有一個共同努力過的社團成員之間的關係好。為什麼？

其實這背後的邏輯也是這個世界發展的邏輯：**想真正交到一個好朋友，就和他做一件事情**。你們之間的合作、共謀和挫折，都會很快昇華成友誼，變成彼此的連結與回憶。

而走進社會後，你會發現交流能力、社交能力、領導能力、合作能力，都能讓你在一個公司裡閃著光芒。這背後都需要高情商的換位思考能力，這都是書本上沒有的。你需要跟人交流，需要在大學四年進入社團和學生會，與不同的人打交道。

關於怎麼參加社團、學生會，後面（見第六十八頁）會有詳細的論述。這裡推薦一本經久不衰的管理學著作——彼得·杜拉克（Peter Drucker）的《杜拉克談高效能的5個習慣》（*The Effective Executive*）。

抗挫折的能力

華人傳統的教育理念只告訴學生如何爭得第一，卻沒有告訴他們遇到挫折之後該怎麼辦；只告訴學生奪冠重要，卻沒有告訴他們跌倒後該如何處理傷口、該如何站起來。

走入社會後，天之驕子們總會慢慢的變迷茫：我在學校品學兼優，為什麼進入社會卻頻頻受挫？原因很簡單，生活嘛，不如意之事十之八九。你長期待在象牙塔，習慣了平順的生活，不知道如何面對挫折罷了。所以，你要學會建立一個好心態：當遇到麻煩、失敗和挫折時，自己要做一些什麼、思考一些什麼，以及怎麼解脫、怎麼迎接下一次戰鬥。

我一般會仔細分析失敗案例，然後想下次遇到要怎麼辦？列出方法一、二、三。心情不好時，我會寫字、讀書。難過時，跑步、聽音樂也是一個好選擇。

抗挫折的能力，也叫「逆商」。保羅．史托茲（Paul G. Stoltz）博士是逆商理論的提出者和奠基人，他用二十多年研究該理論。一九九九年，他出版了《工作AQ》（*Adversity Quotient*），一下子紅遍世界，感興趣的人可以找來看看。

書裡有一個工具，我將其簡稱為「LEAD 工具箱」，分享給你：

- Listen，傾聽自己的逆境反應。
- Explore，探究自己對結果的擔當。
- Analyze，分析證據。
- Do，做點事情。

當自己處在逆境中，比如失戀、跟朋友絕交、被老師責罵、考試沒通過……我們一定會有一些被自己忽略的反應，安靜下來，仔細傾聽。

這些反應，有時容易傷害到自己。這時我們可以跟自己玩一個小遊戲——一旦發現逆境來臨，我們的大腦馬上敲響警鐘。

比如，我們可以用一個很好玩的聲音來表達逆境來臨，比如大聲的叫「bingo」（好）或者發出搞笑的聲音。這樣做有兩個好處：第一個好處是，好玩的聲音和讓人大笑的警告，本身就可以改變我們的心理狀態，讓我們更加積極的應對逆境；第二個好處是，大腦敲響了警鐘，就會幫助我們打斷潛意識裡自動產生的消極反應。

接著進入第二步，探究我們對逆境結果的擔當。

如果這個逆境中的最壞結果發生了，問自己能不能承擔，如果不能承擔，那麼問自己可以承擔什麼程度的損失。面對這種情形，我們不要過分自責，否則容易陷入習得性無助[3]。其實，無論過分的自責還是推卸責任，都不能增加我們的掌控感。最重要的事情在於，我們要對確認的部分負責，控制影響。

接著分析一下，這個逆境在生活中是一個什麼樣的存在、會持續多久、是我可以掌握的嗎、我可以掌握多少、會怎麼樣影響我的生活？分析得越細緻，越能幫助自己走出逆境。

最後，一定要記住，要做點什麼。**打敗焦慮、無助、絕望的最好方式，就是立刻行動，去做點什麼。**

3 Learned helplessness，指人或動物接連不斷的受到挫折，在情感、認知和行為上，表現出消極的特殊心理狀態。

學校沒教，你該趁早知道的事

1. 世界很大，你要自給自足。因為每個人都要學會獨自長大。
2. 職場生存必備的五種技能：
   - 演講和寫作的能力：能讓你在短時間裡最快提升影響力。
   - 說英語的能力：自學口語的方法——晨讀、跟讀、多參加考試。
   - 練習一項體育技能：所有人拚到最後，拚的都是體力。只要有好的身體，磨都可以把對手磨死。
   - 領導和交流能力：想真正交到好朋友，就和他一起做事。你們之間的合作、共謀和挫折，都會很快昇華成友誼，變成彼此的連結與回憶。
   - 抗挫折的能力：建立好心態——當遇到麻煩、失敗和挫折時，自己要做一些什麼、思考一些什麼，以及怎麼解脫、怎麼迎接下一次戰鬥。
3. 打敗焦慮、無助、絕望的最好方式，就是立刻行動，去做點什麼。

03 選錯系，怎麼翻身？

與其糾結為什麼沒選上熱門科系，不如努力把自己變成一個熱門的人。

在大學做簽售[4]時，我被問得最多的問題之一，就是如果自己不喜歡這個系，想要轉系，該怎麼辦？

在工作中，你也會遇到這樣的問題：不喜歡目前的職務，應該怎麼轉行？我的觀點是，大學所選的科系不重要，就算不喜歡，也沒關係。我斗膽的說：「喜不喜歡這件事，本身也不重要。」

4 指明星、作家或一些知名人士在公眾場合為購買自己作品（音樂專輯、書或其他作品）的支持者現場簽名的活動。

我經常和一些高三學生的家長聊天，家長總是問我孩子應該選擇哪個科系？我說：「這都不重要，重要的是城市，次要的是學校，最後才是科系。」因為城市決定的是這個孩子的眼界。如果是在北京這樣的大城市，孩子週末就可以去天安門、故宮、南鑼鼓巷、軍事博物館，平時就有機會走進清華、北大、人大（中國人民大學）的校門。而學校決定的是圈子。科系不喜歡，大不了可以換。

雖然換系難，但是就算不換，你也能透過選修、自學找到自己喜歡的領域。所以，科系真的不重要。

選錯科系很正常

我曾經在一個兩百人的班上做過統計，認為自己選錯科系，或者被分發到非心所屬系所的同學占了一大半。換句話說，這是一個普遍問題。

高三時，我們滿腦子充斥著大學考試和學業壓力。選科系時，我們壓根不知道這個學校的這個科系如何、老師如何、就業前景如何、今後自己會成為什麼樣的人。

有些人選了一些聽起來很厲害的科系，結果完全不知道意味著什麼，就被確定了四年。比如我的一個同學，選了國際經濟與貿易系，他說國際貿易聽起來很厲害，可是進校第一天，教授說：「我們為了培養出一流的會計和……」他頓時傻了。

資訊不對等，造成了大學生選擇科系時的迷茫和錯誤。有些國家的教育不是這樣的，比如美國，在大學基本是通識教育，到了研究生階段才分科系。就算在大學一定要分科系，學長姊會被提前請去高三校園，和那些學子交流。

雖然學校也提供學生轉系的機會，但成本極高，不僅學分要求高，手續也繁雜，因此換科系的比率不高。

講完這一套邏輯，想必大家已經明白了：選錯科系是件很正常的事，不僅你經歷過，很多人都經歷過，這不是我們的問題，而是這個時代的問題，是教育體制的問題。

所以，接下來該怎麼辦？

有一個著名的心理學實驗：如果你的手上拿了一杯水，接下來你要幹什麼？

我覺得這個假設特別有意思，於是問了很多人，他們的回答無非就是喝了、倒了、潑了、灑了。

這讓我想到身邊一個哥們兒的故事。

第一次遇見C，是在網路上。那時我還在新東方當老師，想要拍一部微電影，於是在網路上發了一個帖子[5]：如果你想拍電影，無論你是否專業，只要你有演員夢，都希望你能加入我的團隊。

C是一名餐旅相關大學的學生，那裡的學生，大學四年幾乎都是在打電動，或者昏昏欲睡的狀態，他也是一樣，無聊的滑著手機，然後思考著畢業後要去哪家酒店工作。

C投了一份簡歷給我，我們很快就坐在一起聊劇本。起初他只是想跟女一號搭戲，但因為他長得好看，我們幾個討論過後，堅定的認為男一號就是他。他加入我們劇組的第一天，就非常勤勞的跟著劇組跑戲。有一次拍到半夜兩點多，寒風瑟瑟下，我和兩個攝影師帶著他拍天橋的戲，他凍得不停的發抖。

我說：「不行了吧？不行了，以後就別走這條路了。」

他說：「凍得真爽。」

半年後，我們成功開啟了第二個專案——拍攝第二部微電影。C從主演變成了幕後監製，他籌劃著前前後後的事情：地點、時間、物資分配，偶爾還會提出一些對分鏡頭的建議。

第二年，C從學校畢業，所有人都在討論去哪家飯店當服務生、去哪家旅館當經理、去哪個國家申請學校就讀時，C毅然決然踏入演藝圈，進了博納影業[6]，當上了製作人。因為之前大學四年有一些拍電影的底子，所以他很快就被電影界認可，後來參與製作了《湄公河行動》、《紅海行動》、《長津湖》等著名的影片。

所以，如果你有一杯水，接下來你要幹什麼？答案很簡單，那就是你要做自己想做的事，和水無關。這杯水，可以是我們的工作、科系、學校，總之是我們現有的東西。可是，有多少人都只是盯著這杯水，忘了自己真正的生活目的，忘了自己到底想要什麼。

5 布告、告示。

6 Bona Film Group Limited，中國一家從事電影製作、發行、電影院投資、院線管理、廣告營銷、藝人經紀的民營影視企業集團。

的確，當你有一杯水時，你完全可以放下，可以不管它，去做自己該做的事情，去放肆、去流浪、去走南闖北，而不是因為一杯水而停下步伐，拉低你可以達到的高度。我們總是被擁有的東西，限制自己原本無限的可能。

我還遇到過很多同學，對自己沒有選到熱門科系感到特別鬱悶。可是，我們看看過去的資料，有多少人選擇了熱門科系，到頭來找工作變得極其冷門？**與其糾結自己為什麼沒選上熱門科系，不如透過努力，把自己變成一個熱門的人。**

成功是走出來的，不是規畫出來的

很多人在心理上有一個盲點：一旦擁有了什麼，就把所有精力聚焦於自己所擁有的，以它為中心去計畫，卻從來不問自己是否喜歡它。

當精力聚焦在自己擁有的東西上時，我們也就很容易忽視其他的可能性，然後變得越來越珍惜自己擁有的。隨著時間的流逝，擁有的東西越少，就越珍視那點東西，從而形成惡性循環。

我之前當英語老師時很多同事就是這樣，他們一開始只教兩門課，每天就這麼工作著，除了教英語，就是回家，其他的基本不太在乎。後來，他們怕累，乾脆把兩門課縮減為一門課，直到後來這門考試被取消了，他們能教的課沒了。忽然間，他們什麼都沒了。我經常會想，到底是生活，還是對生活的選擇，把他們逼上了絕路？

所以，讀大學時，**你一定要擴大自己的圈子，尋找自己喜愛的東西，從而確定自己的職業興趣。職業興趣不是天生的，是需要被發現的**。我經常說，往往在選修課裡，你才能找到自己的職業興趣。這裡的選修課是泛指，雙學位、跨院校學習、實習、參加比賽等跨圈行為。

當你發現了自己的職業興趣，請記住第二句話：**職業興趣是需要培養的**。很多時候，你不喜歡這個職業，可能是因為你對它不夠了解，或者沒有花時間去了解。就好比當年我一直不愛英語，僅僅是因為我沒感受到它背後的世界，只停留在表面，自然就無法理解其美妙。

成功是走出來的，不是規畫出來的。大學四年，要拚命給自己做加法，不要陷入前面說的惡性循環。

課後的生活，決定了你的轉型

那我們是不是一定要放棄自己的本科所學，義無反顧的去追求自己想要的？也不是，世界上一定有一條路是能兩頭兼顧的。我曾經見過一個經濟系的學生，音樂學得很好，後來一打聽，他課後的時間幾乎都給了音樂。

我問：「那你主修課業怎麼辦？」

他說：「別被當就好了啊。」

是啊，這就是底線。不被當就好了。只要以不被當為底線，以拿到學位證明為下限，其他的時間與其浪費，不如用來鑽研另一技能，而這一技能，將會伴隨你走得更遠。

我曾經寫過一篇文章叫〈下班後的生活，決定了你一生〉，在我當老師時，大家下班都去喝酒、看電視，但我不一樣，我每天晚上回家看書、寫作，靠著幾年的堅持，我轉型成作家。他們不知道的是，我還利用平時休息時間報了導演班。這都是轉行的準備。

其實所謂轉行，就是你有沒有在新領域花過足夠的時間。聰明的人一定是雙管齊下的，絕對不會走一條路，然後堵死另一條路。我也見過不少高手，他們不僅沒有丟掉自己的本業，還做好了另一件事情。其實，他們無非犧牲了一點休息時間，善用「雞肋時間」而已。

那像這樣雙管齊下的生活，是不是會很累，累得「醉生夢死」？不會，你看看大學校園裡，有多少大學生在大學四年選擇修雙學位，又有多少學生去別的學校蹭課？其實，大家都有時間，那些總是抱怨很忙的人，忙到沒有時間去鑽研一技之長的人，無非是捨不得犧牲娛樂的時間。你少打點遊戲、少追點沒意義的電視劇，時間就有了。

人生下半場，拚的是一技之長

我經常鼓勵大家磨練出一技之長，因為在未來的世界裡，**有一技之長的人，在哪都會活得非常好**。

那學什麼樣的專業更容易磨練出一技之長呢？答案是你喜歡的。於是，我發現了一個非常重要的職業鏈條：

興趣——能力——專長——一專多能[7]。

先找到興趣，然後將其發展成能力，再變成專長，最後形成你的職業優勢——一專多能。未來的世界可能比你想的更加殘酷，萬一你的「一專」被人工智慧代替，你都不知道自己是怎麼被淘汰的。比如廣播主持行業、人力資源行業、會計行業……這個時候，你需要的是發展出更多興趣，從而擁有更多專長。未來，我們的職業鏈條可能如下：

興趣——能力——專長——一專多能↓一專多能＋興趣——一專多能＋能力——一專多能＋專長——多專多能。

不停的發現興趣、不停的學習、不停的發展專長。這就是終身學習的由來。就拿我自己來說，大學讀的是資訊工程，當年學的電路設計模擬、數位電子技術等知識，都已經「還」給老師了；學習的C語言知識，除了留下一張電腦檢定證書，啥也不剩。但慶幸的是，我在大學把英語學好，有了當英語老師的機會。

在當英語老師的幾年裡，我每天都在寫日記、寫故事，後來我成了作家、編劇，又進入了文學圈和演藝圈。在這個過程裡，我還在學習怎麼創業，以及怎麼管理、經營團隊。直到今天，我有了自己的公司，但我還是繼續寫、繼續鑽研怎麼管理公司，以及如何給年輕人創造終身學習的機會和平臺。原因很簡單，我就是因為篤信終身學習，才走到了今天。雖然我不厲害，但我總會隨時提醒自己：**你永遠賺不到超出認知之外的錢，所以你要不停的學習**。

很多人很害怕跨入一個新的行業、害怕進入一個陌生的領域。其實跨入一個新行業無非三步：第一步，有相關知識，有足夠的本事，開始有能力變現；第二步，認識圈內人，在圈子裡和專家產生連結；第三步，得到圈外和眾人的熟知，在圈子外發光。

從這個角度來看，進入一個新行業不難，難的是第一步——從零開始學習。大學四年裡，你是否可以做到這四個字——厚積薄發[8]？

我建議你去考證書。因為在考取相關證書時，你就跨過了這個行業的最低門檻；在準備考試的路上，你的相關能力也得到了提升；如果在考場考試和領取證

7 指學校培養的學生，或在職人員既要具有專業知識，又要具有適應社會多方面工作的能力。

8 形容只有準備充分才能辦好事情。

書的途中，認識了幾個朋友，這些人又和你屬於同一個圈子，那你的人脈也得到了拓展。

我也建議你透過考研究所來切換軌道。因為跨科系考研究所其實是最方便的一種跨界方式，也是最容易的一種方式，能夠讓你擁有這個領域最豐厚的人脈。如果你很早就決定要考研究所，那就應該儘早去布局，越早越好。

如果有校外的相關實習機會更是要好好把握。你可以不要錢，但你一定要全心投入。只有全心投入，才有機會獲得成長，更有機會學到另一領域的東西。

當你覺得自己能力很強時，建議可以去找工作或者去做付費課程，因為那是評價你這項能力是否強大的最好方式。總之，你要相信，你現在的科系不一定是你以後的工作，只要你有明確的方向。

最後分享一句勵志的話：「如果命運奪走了你的生活，記得，用雙手創造一個屬於自己的未來。」

學校沒教，你該趁早知道的事

1. 大學選錯系很正常，與其糾結自己為什麼沒選上熱門科系，不如透過努力，把自己變成一個熱門的人。
2. 職業興趣不是天生的，是需要被發現和培養的。
3. 成功是走出來的，不是規畫出來的。大學四年，要拚命給自己做加法。
4. 人生下半場，拚的是一技之長。有一技之長的人，在哪都會活得好。
5. 你永遠賺不到超出認知之外的錢，所以你要不停的學習。

04 沒經驗、沒背景，如何證明自己不一樣

上大學時最重要的，就是設定一些看得見的目標，然後一點一點的實現。

我在上大學的時候，曾經問學長一個問題：「上大學後，是不是應該多考一些證書？」

學長笑了笑，說：「上大學後，最重要的是打電動、交朋友、睡懶覺，怎麼開心怎麼來。你想，你在高中已經學了三年，現在好不容易沒人管了，還不用盡全力的享受自己的青春？沒事考什麼證書啊？自找麻煩是不是？」學長說完，打開了電腦，敲起鍵盤，玩起遊戲來。

那時的場景，我至今歷歷在目。直到今天，我終於可以說：「很慶幸自己沒聽那個學長的建議。」因為我清楚的記得，在找工作那天，我發現：一份較高年薪的工作背後，是幾十人甚至上百人的競爭。有些人的年齡比我大很多，甚至有

更多的社會經驗和資源；有些人的家庭背景比我好，長得還比我好看。當所有人站在同一起跑線上時，人資專員連我的簡歷都沒看，只問我一句話：「你大學四年得過什麼獎，能證明你和他們不一樣？」

這世界就是這麼現實、殘忍。當一份工作十分搶手，又被繞過人脈關係網放在市場上時，面試人員真的只有一分鐘，甚至更短的時間去了解你。此時此刻，你大學四年獲得的那些證書和獎狀就成了簡歷上的亮點，比你空空的寫下「尊敬老師、熱愛學習」重要得多。因為，那些東西代表著過去四年你是怎麼過的。

我很慶幸，我從大一就嘗試參加各式各樣的比賽和考試，雖然有一些沒有獲得名次，但憑藉自己充分準備和努力，我還是拿到了很多證書。當面試官問我大學得過什麼獎時，我能很有自信的說：「在哪一年英語演講比賽上，我獲得了區冠軍、全國季軍，還獲得了……。」

我以為自己很厲害了，可是那天，我聽到了另一個人的回答。當他被問到「你大學四年得過什麼獎？」時，他笑嘻嘻的說：「你要什麼獎？我都有。」

那人直到今天仍讓我深深敬佩，當他從背包裡拿出那麼多證書時，我著實有一刻以為他是辦證的。其實不是，他在大學四年參加了很多比賽，考取了許多證書，他的簡歷上寫滿了大學四年的努力，和那些大大小小的成就。雖然有些只是校級的，但那些奮鬥都被寫在了簡歷中，撒不了謊。這些更有說服力。

經驗不足時，證書、獎狀可以背書

為什麼要在大學四年裡多考一些證書？因為那是證明你大學四年沒有浪費時間、證明你和別人不一樣最簡單的方式。尤其是非名校的學生，起點本身就低，要在一群人中跳出來，你需要更多證書的背書。

你可以說：「我就是和別人不一樣，我為什麼要證明？為什麼還要靠證書證明？你和我多接觸，自然就能知道我的與眾不同了！」

可是在這個快節奏的社會，你真的很難期待人資專員用半年，或者一年的時間去發現你的優點，再花半年或者一年去培養你。你必須用最快的方式證明自己的優秀。你要知道十四億人口的中國最不缺的就是人，缺的是時間和精力。而你簡歷上寫下的那些證書，能讓你的證明之路變短很多。

有很多人問我學歷是否重要？我的回答都很簡單——重要。

然後他們繼續問：「那為什麼很多人沒學歷還能活得非常好？」

我說：「他們活得非常好不是因為他們沒學歷，而是因為他們的學歷被其他光芒覆蓋了。」比如提到微軟前總裁比爾．蓋茲（Bill Gates），我們只知道他是企業家，而不會去問他是哪個學校畢業的。更何況，這樣的人並沒有很多，要不然怎麼例子舉來舉去就那麼幾個？他們只不過被媒體放大了。

當自己的某一專長和技能被社會認可了，學歷就變得不重要了，因為你已經有了更好的方式，去證明自己的優秀與價值。說詳細一點，到底怎麼樣才能被社會認可呢？除了教育部認可的那張學位證，一張張證書和獎狀，就是認可，就是答案。

有人看到這肯定要反駁了：你也太重視證書了，難道我上大學就是為了那些證書？如果我是外語系的，考個導遊證有用嗎？

我想告訴你，如果你在大學沒有目標，感到迷茫，還不如把時間放在這些比賽和證書上，反正迷茫也是浪費時間。而每一次考試結束，都讓你有機會反思自己這段時間的學習狀態，是應該繼續還是改變。這樣的目標，總比你打電動、追劇要好得多。

如果我是外語系，考個導遊證有用嗎？還真有用。一個英語教育訓練機構的人資專員跟我講過一個故事：那天徵人時，來了兩個剛畢業的英文系學生。特別巧，兩人都是女生，而且是同一所學校。

可惜的是，公司職缺只有一個。人資專員看了她們的簡歷，發現兩個人在英語上的成就一樣。然而，其中一個女生的簡歷上寫了三個字——導遊證。於是，人資專員選擇了這個姑娘。

我當時很詫異，問：「你這是根據什麼標準？」

他說：「第一年，大多數的老師沒有太多課，都在做一些基本的事情，而我錄用她的時候是年底，公司正在準備出遊的事情，她的導遊證能為公司省下一筆費用。」

聽到這裡，我一邊嫌棄這個摳門兒的公司，一邊感嘆這個世界的現實。可是，既然我們無法改變這現實的世界，就只有讓自己變得更強，才能在這現實的世界裡活得更好。

就像有一年英語四六級考試增加了口試，我在每個班上建議大家報名口試，很多同學說：「算了，我就只是為了過個四級，考啥口試？」

我說：「你永遠不知道哪個證書以後能幫你找到一份好工作，能幫你做出人生的一次重要改變。既然無法確定未來，就隨時準備著；既然不知道哪張證書有用，就多考幾個，能接觸到的考試都報，然後用心準備一下。何況考取證書的意義，遠不只如此。」

每個階段的努力，都該被鼓勵

當爬到某個高度時，回首往事，其實很少有人記得這些比賽證書，和自己獲得過的名次，因為大多數獎狀會隨著人生高度的增加而褪色或被遺忘。可是，在準備這些比賽的過程中獲得的能力，卻能夠伴隨著你成長，融入你的骨髓，變成你的一部分。

我的大學主修不是英語，但我在大二那年決定參加英語演講比賽時，付出的努力讓我完全蛻變，終身受益。每天對著牆練習差不多一小時的口語，站在空教室假裝有人在聽我演講，從初賽到半決賽、決賽所得到的鍛鍊，比那張證書對我的成長幫助更大。

後來的生活裡，我明白了要想在一個新的領域有所成就，就應該不顧一切去拚命；明白了要耐住寂寞，才能守住繁華的道理，更理解了想要什麼就要拚盡全力去爭取。

其實**上大學時最重要的，就是設定一些看得見的目標，然後一點一點的去實現**。每個階段的努力，都應該有張證書鼓勵一下、有張獎狀證明一下，多一些自信，會讓自己成長的更好。

就比如我見過太多人給我的留言：「老師，怎麼學好英語？」這種問題很難回答，因為我實在不清楚，到底什麼是學好。沒辦法定義啊。但現在我想，它是否可以被定義為：這學期考一張英語四級證書，下學期考一張英語六級證書，然後參加多益考試，再參加BEC考試，接著考雅思、托福、GRE（Graduate Record Examinations，留學研究生入學考試）……這麼一步步，目標明確的奮鬥，想學不好都難。

學校沒教，你該趁早知道的事

1. 為什麼要在大學四年裡多考一些證書？因為那是證明你大學四年沒有浪費時間、證明你和別人不一樣最簡單的方式。
2. 當自己的某一專長和技能被社會認可了，學歷就變得不重要了，因為你已經有了更好的方式，去證明自己的優秀與價值。
3. 上大學時最重要的事情，就是設定一些看得見的目標，然後一點一點的去實現。

05 要參加社團，但不迷戀權力

你的未來，只有你自己可以負責。

每一位剛進大學的學生，都會有與學校社團有關的困惑：要不要進入社團？要不要進入學生會？什麼時候退出？加入幾個社團才算合理？社團能給我帶來什麼？我能從中學到什麼？社團在大學四年扮演什麼樣的角色？

室友變朋友的方法——一起參加社團

我對進社團和學生會的看法，總體來說是肯定的。走進社團就是走出象牙塔，你可以看看象牙塔之外的世界是如何運作的。社團是朝氣與活力的泉源，你可以在戲劇社體驗到故事的魅力、可以在音樂社領會到音樂的美好、可以在舞蹈社感受到肢體晃動的快樂……重要的是，你可以在那裡交到志同道合的朋友。

我曾在一個創業論壇上看到這麼一句話：現在這個時代，**成為好朋友最簡單的方法就是，和他共同做一件事**。

很多電影都講過這個道理，無論過去多麼相互憎恨的兩個人，只要有了共同目標，矛盾就會慢慢化解，變成好哥們兒。後來我一想，還真是這個道理。我身邊的幾個好朋友，都是和我從一無所有打拚到今天的摯友，大家一起創業、一起做事，才有了現在的彼此。成功和失敗並不重要，重要的是一路相隨。

參加社團和學生會的話，你最有可能在那裡遇見你在大學最好的朋友。因為你們有著共同的目標。同宿舍的人，只是被分在一個屋簷下，沒有共同目標的話，往往很難成為好朋友。如果你一定要讓室友變成朋友，就拉著他們一起參加社團吧。

社團裡的朋友雖然來自五湖四海，但有著共同的愛好和目標，很容易共同去做點什麼，這樣能很快拉近彼此的距離。有奔向共同目標的努力，能讓感情十分穩定的得到昇華。很多情侶的關係，也是因此發展得更穩定。

當你進入職場就會慢慢發現，**結交好朋友的方式只有兩種：一起浪費過時**

間，和一起為了共同目標奮鬥過。而後者往往比前者更能鞏固彼此的關係。很多大學的朋友在畢業後成了創業夥伴、成了彼此生命中難得的諍友、成了彼此一輩子的財富。

學會合作是人生的必修課

在社會的變遷下，一個家庭中只生一個小孩已經變成常態，也因而對小孩造成一個很大的影響——不會合作。

的確，從小被無數個親人圍著轉，哪裡還用合作？可是，當工作之後，你會發現不僅要學會單打獨鬥，還要學會合作。

你要學會發揮自己的強項，同時善於用別人的強項彌補自己的弱項。此時此刻，如何合作、如何跟對方溝通、如何發揮自己的領導力、如何分配工作，和接受被分配的工作的能力顯得非常重要。

我第一次遇到前文提過的C時，他還是個餐旅相關大學的學生，他剛加入我們團隊時，我就看出他有一個我不具備的能力——做事極其細心。後來他告訴我，剛來團隊時他覺得自己就是個大補丁，哪裡需要就往哪裡補。現在，他已經是個很成熟的製作人了，我們合作了好幾部電影，在我粗枝大葉布置的片場裡，他每次都會幫我處理很多細微的事情。**合作的意義其實很簡單：我們應該集中自己的力量做擅長的事，利用別人的長處彌補自己的短處**，讓彼此都感到舒服，讓談判順利進行下去。

很多人問過我上大學的意義，我覺得上大學的意義在於人，而不在於學位。你如何面對形形色色的人、如何與來自五湖四海的人合作、如何和自己不喜歡的人交流、如何籌劃一場活動、如何了解活動的哪些細節交給誰去處理最合適等，這些能力在家裡是學不到的。只有在社團和學生會，你才能得到最好的鍛鍊。

我建議每一個大學生，都應該在大學四年中至少參加一個社團，可以是院系的，也可以是學生會，我甚至建議，你可以試著去擔任學生幹部。因為這能讓你看到一個組織的全貌，也能讓你提高個人領導力。

當然，這可能需要一步步的往上走。不過話說回來，什麼職位不都是一步步走上去的嗎？

世界不是平的，也不是絕對公平的

關於如何選擇社團，我有三個建議：第一，選擇自己喜歡的社團，不要因為某些社團瘋狂招新的福利而參加；第二，參加的社團不要超過三個，因為你的精力可能不夠；第三，要參加真正有含金量、有資源的社團。

什麼叫有資源？有一次簽售時，一個小男生從我進校門一直陪著我，直到自己上臺主持。他很細心，也把我照顧得很周到，因為怕出問題，一直在問我問題，比如什麼可以問、什麼不可以問，他主持時怎麼介紹我比較好。那場活動辦得很順利，結束後，他一定要加我為微信（WeChat，即時通訊軟體）好友，我一開始不太願意，後來想到他的一舉一動讓我挺感動，於是同意了。

幾天後，他告訴我他喜歡主持，想成為一位主持人，我要他把簡歷給我，轉手發給了廣播電臺的朋友，剛好他們在找實習生。於是他在大二那年，得到了一次實習機會。

這位同學很聰明，因為他知道，這是身居社團和學生會的另一個優勢：**加入社團、學生會，是打通校內、校外資源的方式**。只要有活動，就有更多與陌生人產生連結的可能性，而這些東西都是人脈。

這就是破圈[9]的本事。我多說一句，很多人不具備這個本事，也沒有這樣的資源。而作為主辦方、作為承辦者，你會有更多機會走向後臺、走向嘉賓，去拓展自己的人脈。當然，我還聽說過有些學生會的學長，會合理利用自己掌握的資源，幫助學弟、學妹提升自己。這樣的行為也從側面反映了，參加社團是一個打通校內、校外資源的好方式。

你要明白，從金字塔的頂端看到的世界，和從底端看到的世界是完全不一樣的。在學校也是一樣，人越往上走，看到的訊息越多。領導力在未來職場是極其重要的能力。

電影《春風化雨》（*Dead Poets Society*）中有一個情節，我至今印象深刻：老師讓學生們站在桌子上看這個世界，因為從上往下看得更清楚。

如果世界是平的，大家為什麼都要往上走？這說明世界不是平的，也不是絕

9 指某個人或他的作品突破某一個小圈子，被更多的人接納並認可。

對公平的。尤其是當你進入某個體制時，內部一定分上下級，不管我們有多麼不願意承認。好在，學生會和社團內的等級觀念不像體制內那樣嚴格。我們都應該嘗試往上走，看到更廣闊的世界。畢竟，不逼自己一把，你也不知道自己有沒有領導力。

如果競選失敗了，也可以看看自己和別人差在哪裡。其實，成為一個有領導力的人需要具備很多特質：演講能力、有擔當的個性、平易近人的性格、對突發事件的決策能力等，這些都需要你用四年的時間去學習。

別戀棧，該撤就趕緊撤

很多學校的學生會等級觀念很嚴重，甚至嚴重到讓人不舒服的程度。我去大學做簽售時，曾請學生會主席幫我找一間教室，因為我等會要上線上課程，結果那位學生會主席說：「我幫你安排兩個人去處理。」我當時有些震驚，以為自己走進政府大樓，不敢相信一個剛二十歲的孩子竟然用了「安排」二字。

可是，臨近上課，教室一直沒有「安排」好，我便很著急的打了這位學生會主席留給我的電話。沒想到，電話裡那位學生說：「她是學生會副主席，我也是學生會副主席，她沒權力命令我。」

最後，我只能在路邊的一個安靜地方，用４Ｇ網路上了兩個小時的網路課程。後來我的簽售活動結束，那位學生會主席說：「李老師，我安排人送你。」

我微笑著跟她說：「不用，妳安排自己送我就好。」

她趕緊放下手上的東西，想說些什麼，我收起笑容嚴肅的說：「妳送我。」

在路上，我跟她說了這麼一段話：「如果妳只學會官僚主義、學會爭權奪利、學會不尊重人、學會只要權力而不要責任，那妳還是不要當學生會幹部了，因為妳這一系列行為是愚蠢的。」

我為什麼這麼跟她說呢？因為無論她在學生會當多大的幹部、當多少年學生會主席，在畢業後，這些都會煙消雲散。所以，聰明的孩子會把在學生會獲得鍛鍊自己的機會當真，而不會對獲得的權力當真。

講到這，我想你已經明白了參加**學生會和社團**的意義：那**是一個提升自己能力的平臺，而不是追逐權力的名利場**。可惜的是，許多學生會逐漸成了一個藏汙納垢的地方，大家身在一個團體，不僅不學習，還比著誰的手段高明、誰更能討好老師，每次想到這裡，我都會有種深深的無奈。

我曾經跟一位還在當學生會主席的大四男生聊天，他自己坐一間辦公室，忙得焦頭爛額，幫老師打理各種雜事。他不停的跟我炫耀自己有多忙，我問他：「你自己的工作找了嗎？自己的未來打算了嗎？畢業後準備去哪？想要一種什麼樣的生活？」

我問到這裡時，他有些迷茫，然後轉身說：「我先走了，老師那邊找我。」我點點頭，讓他走了。因為當他說有老師找的時候，很自豪。可是，夢終會醒。無論你在學生會當多大的幹部、當多少年學生會主席，在你畢業後，這些都會煙消雲散，除了回憶和朋友，以及能力和經歷，你什麼也帶不走。而這些卻是最重要的。

其實從大三開始，你就應該為自己的生活考慮了。

後來，這位學生會主席沒有找到工作，回了老家。我想，如果有一天他們舉辦同學會，誰還記得他幫老師做過那麼多事？學校的老師，不一定幫得了你的未來；學生會的職位，不會陪你到工作崗位；學校的榮譽，在畢業那天會曲終人散。當你完成自己的使命，自己也獲得了期待的鍛鍊，就趕緊撤離，別戀棧。**你**

的未來，只有你自己可以負責。

可惜有些人卻在最該學習的日子裡，陷入了無聊的爭鬥，畢業後，後悔莫及。願我們都能得到自己想要的生活。

學校沒教，你該趁早知道的事

1. 選擇社團的三個建議：第一，選擇自己喜歡的社團，不要因為某些社團瘋狂招新的福利而參加；第二，參加的社團不要超過三個，因為你的精力可能不夠；第三，要參加真正有含金量、有資源的社團。
2. 加入社團、學生會，是打通校內、校外資源的方式。
3. 參加學生會和社團的意義——那是一個提升自己能力的平臺，而不是追逐權力的名利場。

06 先工作還是先考研？

研究所不是避難所，而是跨界、提升、轉型的起點。

這是一個關於人生選擇的問題，也是微博[10]裡學生常會問我的一個問題。

有一句話要先說在前面：任何關於人生選擇的問題，都沒有固定答案，都要靠你自己去選擇，少問多做，有時候做著做著就清晰了。畢竟，每個人都有自己的思路和夢想，這就是人和人之間為什麼有著這麼多不同。

我無法用一句話告訴你，是應該考研究所還是應該工作，因為在我完全不了解情況的前提下告訴你，太不負責。所以，我寫了這篇文章，給你作為參考。所舉的例子都是真實存在的，背後的總結也是我與許多老師討論過的，只願對你有一些啟發。

第一個問我該考研究所還是工作的，是一個讀行銷學系的女孩。她說自己大四了，找工作怕不喜歡、考研究所怕考不上，不清楚自己到底要做什麼。

我問她：「那妳想幹什麼呢？」

她說：「要不先考研究所試試吧。畢竟大學四年我也沒學會什麼，想要在讀研究所時多學點東西，然後去面對世界的殘酷。」

我說：「妳放心，如果妳在大學四年都沒有學到什麼，那說明妳的學習態度和效率已經定型，就不要再指望讀研究所時能學到什麼。把所有的希望放到未來，而不是現在下定決心去改變，先不說能不能考上，就算考上了，也不過是多浪費三年。」

她愣在那裡，彷彿我說到了她的痛處。她問：「那我該怎麼辦？」

我繼續發問：「我問妳啊，妳讀的行銷學系，是妳喜歡的嗎？」

她說：「是的。」

10 提供微部落格的社群媒體網站。使用者可以透過網頁、WAP 頁面、手機 App 等發布動態，並可上傳圖片、影片，或影片直播。

我繼續問：「那是經歷重要，還是學歷重要？」她說經歷重要。

我說：「那妳要那麼高的學歷有什麼用？如果妳想學習，社會本身就是一所更好的大學，能教給妳更多更接地氣的知識，比如如何跟人交流、如何與主管相處、如何了解產品……這些比學校教的知識更實用。」

她想了半天，告訴我：「好吧，我承認，我就是怕，才想拖延一下找工作的時間。等我研究所畢業，我肯定會更好的！」

我笑了，她問我為什麼笑？我沒說話，因為很多人都是這樣想的。

打敗恐懼的最好方式就是邁出第一步，去做那些令你感到恐慌、焦慮的事，你會發現其實可怕的不過是自己。許多人考研究所的原因就在於此。他們害怕這麼早進入社會會吃虧，自己大學四年還沒學好，能找到好工作嗎？要不，再學三年吧？三年後，他們真的會變得更好嗎？

研究所不該是避難所

我想起我的朋友阿力，他的故事可以幫助我們看得更清楚。阿力畢業後，有兩條路擺在他面前：一條路是考原本學校的研究所，另一條路是進一家世界五百強企業工作，月薪人民幣五千元[11]。

選了半天，他還是認為自己沒有做好進入社會的準備，放棄了企業給的 offer（錄取通知），在學校繼續深造。讀研究所三年，我見過他兩次，他說自己在韜光養晦、寒窗苦讀，我說你這是在世外桃源。

其實他的生活壓力不大，除了幫導師做做事、賺賺錢、寫寫論文，其餘時間他很少出校門。看似每天在用功讀書，其實**當沒有短期目標和壓力時，一個人是很容易變頹廢的**。

我參加了他的研究所畢業典禮，他說了一句讓我很難忘的話：「我和大學生最大的區別，就在於他們浪費了四年，我比他們多浪費了三年。」

這句話讓我感到很震驚，我問為什麼這麼說？他說畢業後，同一家公司發

11 人民幣兌新臺幣的匯率，本書以二〇二三年四月十四日，臺灣銀行公告之匯率四・五〇七元為準，此約新臺幣兩萬兩千五百三十五元。後續若無特別註明幣別，皆是指人民幣。

錄用通知給他，月薪卻只有六千五百元。他讀研究所三年，月薪只漲了一千五百元，還沒加上通貨膨脹。最搞笑的是，他的大學同學在這三年已經做到了專案經理，變成了他的上司，他卻要從頭開始幹。理由是，他沒有相關經驗，要先熟悉公司的業務，相當於從零開始。

我說：「但是你這三年讀研究所學到的東西沒白學啊。」

他笑了一下，說：「你看過別人殺豬嗎？」我說看過。

他繼續說：「你會殺嗎？」我說不會。

他說：「我現在就是這樣，看過太多人殺豬，聽過太多人說怎麼殺豬，該我殺豬時我不敢，於是又看別人殺了三年豬，現在逃不掉了，輪到我殺豬了，傻了。」這幾年是他的導師在壓榨他，成了他的老闆，成天和同學在實驗室裡爾虞我詐，他說：「早知道是這樣，還不如出國或者早點去工作。」

他講給我聽的故事，讓我挺難受的。如果他知道自己早晚都要面對找工作這件難事；早晚都要面對對社會的恐慌；早知道在學校的所有學習、生活都是為了更順利的進入社會，他會不會在三年前就不考研究所了？或者，他工作幾年，知道自己缺什麼、需要什麼後，再去考研究所？

我不是在強調考研究所不好，而是說**不應該只為了逃避而考研究所**。但也真的有很多人，透過考研究所改變了生活。而且太多人因為考研究所，生活的軌道發生了巨大的變化。有三種人考研究所，是真的能改變命運，而有一種人是最不適合考的，我放在最後講。

- **大學學歷不好**。

如果你大學聯考發揮失常，對自己本科學歷不滿意，且它影響到你找工作，那麼就設一個名校研究所為目標吧。畢竟，名校擁有更多的資源、更好的師資力量和更厲害的同學，說出去也有面子一些。甚至有一天在找工作時，你也可以直接報自己的研究所學歷。

放心，面試官一定不會再問你的大學學歷，因為你現有學歷往往會蓋住原有學歷。如果他問了，你也可以自豪的回答，因為從那樣一個學校到現在這個學校的研究所，鬼知道你經歷了什麼。

- **真的想要去做學術研究，想要去深造**。

很多科系是真的需要深造的。比如我的一個學生學的是地球物理，他告訴我，大學的學歷真的不夠支撐自己對這個領域的了解。所以他必須考研究所，甚至是考博士，必要時，還要申請博士後研究員。

我聽得發呆，說：「博士後研究員啊……」。

他笑著告訴我：「因為我喜歡這個科系，想一輩子做學術，想更深入的了解這個領域。這個領域，就是我的世界。」後來，他發憤圖強，真的考上了北大，是六年碩博連讀。他說以後還要申請博士後研究員，想留在學校一心一意做學問。聽起來，這是一種不錯的生活，畢竟在學校生活相對安穩，但也有挑戰。

● 不喜歡自己的科系

由於某些原因，很多人所讀的科系是不得不讀的，本以為一些主修學著學著就會喜歡了，殊不知，學著學著就厭倦了。我遇到過很多學著自己不喜歡的主修的人，明明知道自己喜歡的是另一個領域，但為了本科學歷，不得不繼續學著。

我曾經寫過一篇文章叫〈別拿你擁有的，去限制你無限的可能〉中提到，你可以利用閒暇時間去學習一個喜歡的科目，並且能學得很好，只要你肯犧牲睡眠時間和打電動的時間。

但如果沒有資源呢？那你就可以考慮透過考研究所來實現跨界。透過考研究所，你可以從一個城市考到另一個城市，也可以從一個領域進入另一個領域，站在那個領域的起點，可剩下的，你依舊要靠自己的奮鬥和努力。

所謂**考研究所，不是逃避找工作和走入社會的理由，而是跨界、提升、轉型的起點**。如果不是出於以上三個原因想去考，我建議你嘗試找工作，或者合夥創業，哪怕要從基層開始，雖然累，卻也是一種學習。只不過，這種學習不是坐在教室裡聽老師講課，不是坐在宿舍裡看幾本雜書。社會教你的，會更殘忍、更直接、更痛，卻更有用，能打造出最好的你。

而**最不應該去考研究所的，是那種既迷茫又焦慮的人**。這種人在大學生裡占大多數，迷茫、目標不明確，看見別人考，自己也跟著考。他們對於到了大四還不知道自己能幹什麼，感到焦慮，於是什麼都想試試，到頭來卻什麼也沒有做好。這種人最容易從眾去考研究所。

這樣的人，先別說考不考得上，其實容易耽誤找工作的最好時機。這樣的人還有一個潛意識，就是盡量拖延走入社會打拚的時間，避免盡快進入職場。但無論如何，你都要進入社會，走進另一所「大學」。在社會這所大學裡，沒有畢業一說、沒有輔導員，也沒有教室。但你會發現，每天都是考試、每日都是測驗。從學校到社會，每個人都要完成轉型，逃不掉的。

最後，回到這個問題本身。

我見過許多大三、大四的學生不停的問著別人：「我該考研究所還是該工作？」這一問，就是一個月，他整個月迷茫著、發問著，卻一直不做些什麼，坐在宿舍裡打電動、看劇。時間一分一秒的過去，他還在不停的問著別人：「我該幹什麼？」然後六月過去了，校園徵才季結束；然後十二月到了，準備考研究所來不及了。他又繼續等待第二年，繼續迷茫著。

美國詩人愛默生（Ralph Waldo Emerson）說過：「**二十多歲最重要的是堅持，三十多歲最重要的是智慧，四十多歲最重要的是選擇**。」

二十多歲時的迷茫是常態，因為選擇是四十多歲的人才擁有的能力。既然如此，那你在迷茫時為什麼不先做點什麼？你為什麼不先寫份簡歷，去人才市場投投，看看自己適合做什麼？你為什麼不去找個導師問問，你喜歡的科系今年招不招你這科系的研究生？幾個名額？該如何備考？

人啊，最怕的就是永遠不邁出第一步，去嘗試，然後堅持一下。**有時候**，一

件事情堅持著堅持著，就可能變成了事業；一段戀情，堅持著堅持著，就可能變成了婚姻。

有人說，要是堅持錯了呢？

那又如何？你還這麼年輕，大不了從頭再來啊，總比你在原地傻站著強。作家楊絳說過：「你的問題主要在於讀書不多而想得太多。」

其實，還有一件事情更痛苦，就是躡手躡腳、恐懼前方，不邁出第一步去嘗試。還沒開始做，就自己嚇自己，說萬一不行呢？你只有試過才會知道，自己適不適合現在考研究所、適不適合現在工作。一旦決定，就義無反顧的拚；一旦放棄，就無怨無悔的走。這才是青春該有的模樣。

學校沒教，你該趁早知道的事

1. 打敗恐懼的最好方式就是邁出第一步，去做那些令你感到恐慌、焦慮的事，你會發現其實可怕的不過是自己。
2. 當沒有短期目標和壓力時，一個人是很容易變頹廢的。
3. 考研究所，不是逃避找工作和走入社會的理由，而是跨界、提升、轉型的起點。
4. 二十多歲最重要的是堅持，三十多歲最重要的是智慧，四十多歲最重要的是選擇。

07 外國就是好？留學背後的真相

這世界永遠有兩套規律：一套在嘴上，一套在行動中。

二〇一二年前後，我身邊的許多朋友在大學畢業後選擇了一條路——出國。在我們那個年代，留學似乎是走入精英圈的必然選擇。那個時候，新東方收益最高的部門是國外考試部。

過沒幾年，國內考試部的業績突飛猛進。因為國內發展迅速，考研究所的人成了主力軍，大家意識到，先去大廠打工，然後自主創業似乎是更容易成功的。之後，公務員考試的業務越來越好，因為越來越多的年輕人意識到，社會上有那麼多創業失敗而欠了一屁股債的人，在國營企業和公家機關工作才是真的好。

時代變遷總能影響大學生做出不同的選擇，但我還是先講完這個發生在二〇一二年的故事。

那時是「出國熱」，中國還不像現今這般發展，網路還不像今天這樣發達，雖然不知道國外會如何發展，但那裡畢竟是遠方。有些朋友去了美國，有些朋友去了歐洲，有些朋友去了印度、寮國、柬埔寨。那時，對有追求的文藝青年來說，好像沒有什麼選擇比出國更能看到廣闊的世界。

我的朋友秋秋，就是無數飄洋過海的學子之一。自北京科技大學畢業後，她沒有選擇考研究所，英語系的她通過面試，去了英國的孔子學院[12]，當了一名中文老師。她在那裡傳播中華文化，這一去就是兩年。兩年後，聘任期結束，她回國找工作，準備定居北京。

秋秋從英國回來後的第一週，我見到了她，我問她生活過得怎麼樣？她說除了人多有點不適應、空氣太差不喜歡，其他都挺好的。我們是多年朋友，雖然許久不見，但我總能感覺到她身上有些不愉快的情緒在蔓延。

我知道她在一家投資公司實習，男友也剛畢業，兩個人在英國時透過社交軟體聯繫，好在回到北京後兩個人的感情沒變淡。畢竟剛畢業，兩人很快投入了在北京打拚的節奏中。

我問她新公司怎麼樣，她說挺好的，老闆、同事也挺喜歡她的。我問：「那薪水呢？」

她說：「有七千多元，扣掉五險一金[13]，在北京夠花。」

那天，我們在世貿天階，吃著東西，聊著天。之後每次聊到工作和現狀，她的情緒中總是透露著明顯的不滿，卻礙於面子，不太好發作。可是聊到在英國的那些事，她的眼睛就發著光，她喜歡跟我分享自己在孔子學院的故事，聊英國的世界盃、英國孩子的口音、北愛爾蘭的公投、她住的地方——曼徹斯特（Manchester）。每次聊到國外，我都能看到她的笑是那麼真，她說自己懷念那個時候的感覺，那兩年是她最開心的青春時光。

我說：「那繼續留在那邊啊？」

她說：「這裡是我的家啊。」

忽然間，我想到了很多出國留學的人。

---

12 為中外合作建立的非營利性教育機構。

13 在中國，五險一金是指醫療保險、養老保險、失業保險、工傷保險、生育保險以及住房公積金。

人回來了，心沒回來

二〇一二年前後，大概是中國最後的「出國潮」。在國內看不見希望或找不到好工作時，大學生總想去外面看看。我的雙胞胎姊姊，也是出國「大軍」中的一員。那年她高分考過托福和GRE，一個人離鄉背井去了波士頓（Boston）。前幾個月還好，可是半年後，她開始感到迷茫、難受。

一個華人，在國外很難混進主流的圈子，不是因為種族歧視，而是在你看《葫蘆兄弟》卡通影片的歲月裡，對方在看《辛普森家庭》（*The Simpsons*）；他們講的笑話是關於總統選舉，而我們只在讀小學時選過「超女」[14]。你只能說：「In China, we...（在中國，我們……）」，但他們說：「Hey, this is USA.（這是在美國。）」

文化不一樣，無論英語說得多麼流暢，她始終是局外人，在那裡找不到屬於自己的位置，混不進對方的圈子，在哪裡都是離鄉背井。

兩年後，我姊姊從美國回到中國，去了一家知名媒體當記者。那家媒體開給她的薪水不高，她渾渾噩噩的幹著，我常跟她開玩笑說：「早知今日，當初妳為什麼還要出國？妳看妳現在的薪水還沒我高，也沒當初那個不如妳的同學高。」

每次開這種玩笑，我總看不到她的臉上有笑容。她總是顯得很沉默。直到有一天，姊姊告訴我：「說不定哪一天，我一時衝動，就又回波士頓了。說不定讀個博士、說不定找份工作、說不定在那裡定居了。」

我仔細聽了，她用的字眼是「回」。

的確，有些海歸不甘心這麼快在國內安定下來，就好像，遠方的那個地方，才是家。可是，他們有的回不去，由於某些客觀原因，無法定居遠方。那麼，遠方就會成為每一個歸家孩子的夢，這個夢，會陪伴他們很久；這個夢，是他們的青春。

兩年後，我陪姊姊去了趟美國，她一路上都在跟我說，這裡是她自習過的地方，那裡是她上過課的地方；她在這裡笑過，她在那裡哭過。她說這話時像個孩子，可是她清楚的知道，自己再也「回」不去了。

14 中國選秀節目《超級女聲》的簡稱。

她依舊會想念波士頓的一草一木，卻只能感嘆著生活的無奈。

出國有錯嗎？

我一直覺得在二〇一二年前後出國的孩子，心中總有一種難言的傷。

二〇一四年後，中國的經濟發展迅速，網路和文化領域迅速崛起，投身於房地產不再是中國人致富的唯一方式。搭上網路和文化快車的人，在那幾年大都迅速的致富，西方卻在走下坡路。二〇一七年，唐納・川普（Donald Trump）上臺執政，美國的政治和經濟遇到更大的挑戰。在這樣的情形下，大學生出國到底是否合適，開始在很多人心中打上了問號。

可是，對於那些出過國的人來說，他們沒有選擇，因為**已經發生的事，你從來不可能說如果**。就像秋秋再一次見到我時，紅著眼睛喝了兩杯威士忌。

我問她怎麼了？她說自己受夠了，受夠了那些年紀比她小的人，對她指指點點；受夠了自己在國外學的知識，在國內用不上；受夠了接受國內的規則，她要回英國。

我仔細的聽她說話，她再次用了這個字——「回」。

可是，回得去嗎？喝了兩杯後，她終於鼓起勇氣辭職，我看她打著一行字，又刪除，又打了一遍發給男友看，但遲遲不敢發給老闆。

忽然間，我想起了許多人，他們從國外回來，都發生了變化。有的辭職，有的換了伴侶，沒人知道他們在想什麼，只有他們自己在留學生聚會時，才會互相傾倒苦水，講出那種想回又回不去的矛盾心緒。

秋秋那天最終沒有辭職，想了半天，還是決定冷靜下來，她看著我說：「很丟臉吧？」

我說：「為了生活有什麼好丟臉的？」

秋秋笑著說：「罵老闆那麼多遍，但我還是不敢辭職，很丟臉吧？」

我說：「哪有！」

那些出國的朋友，都是曾經的佼佼者，都是眼睛裡容不得沙子的人，他們希望看到更廣闊的世界，希望靠自己的能力改變和幫助國家，於是選擇了出國，花了家裡大把的錢，花了自己最寶貴的時間。可是回國後，他們有的格格不入，於是只想逃避去遠方。尤其是看到那些沒有出過國的人，竟然混得比他們好時。

那天，秋秋喝得大醉，她在恍惚時問我：「龍哥，我出國是不是錯了啊？現在那些沒出國的同學，一個月賺得比我多得多。我要是兩年前就開始做自己喜歡的事情，現在賺的錢肯定比他們多啊，至少會是個專案經理啊。追了那麼多年的遠方，到頭來怎麼會後悔啊？」

故事講完了。在講我怎麼看這個問題之前，我想先問問你，你覺得她出國的選擇錯了嗎？

你要不要出國？

我們回到這背後仔細分析，其實就這位朋友和我姊姊而言，她們真的在留學中學到什麼國內沒有的東西嗎？恐怕沒有。因為那些知識，國內也能學到，你打開網頁一搜，都有分享，甚至也都有相關的課程。那她們獲得了什麼？

答案很簡單，對她們而言，更多的是花一年至兩年，設身處地的感受了一種不一樣的文化，看世界的角度變得不一樣。

我沒有出國留過學，但我教過很多出過國的孩子。我之所以不出國留學，僅僅是因為沒錢。

很多人問我要不要出國，我的第一個問題是：你的家庭條件怎麼樣？如果家庭條件好，出國對你來說的確是很好的選擇，但如果家庭條件一般，這條路往往被堵得死死的。如果那時我的家庭條件好些，我也會選擇出國讀書，哪怕學到的東西不多，但那一、兩年的經歷，也能讓我看世界的角度變得不一樣。

我曾經問過自己一個問題：如果每個人不能決定自己的出身，結果又都是一樣的，那麼人和人之間能有什麼不同？答案很簡單，不是你這輩子賺了多少錢、獲得過多少榮譽，而是你這輩子經歷的事情、去過的地方、見過的人、讀過的書，這些造就了現在的你。

這些年，很多家長都在問，孩子想去日本、美國留學，但他們又怕學不到東西，擔心這筆投資划不來。

我覺得，那些經歷，那些不一樣的思維方式，那些國外的管道、人脈不能用金錢來衡量。相較於這些，那一紙文憑反而是單薄的。**看過的遠方、聽過的故事，都會融入你的血液，與你如影隨形，它們會變成你的格局、你的修養，和你的眼界**。這些，對一個孩子來說是更重要的。

疫情後，你該不該選擇出國？

不得不承認，疫情確實影響了很多人出國的步伐，不僅如此，還讓國內和國際的矛盾加深了。一個個因為隔離、排外、民族主義而對留學生不友好的國外影片；一個個失業、失望、回國二十一天集中隔離＋七天居家隔離的例子，好像在告訴每個人，別出去了，在國內待著吧。但現實真的如此嗎？

二〇二一年八月，我的一個朋友準備去洛杉磯辦事，他發了條朋友圈[15]：你們瘋了嗎？這麼貴的機票！我才發現，從北京到洛杉磯的機票（請注意，不是回國，而是出國的機票）平均高達人民幣三萬多元。

這充分說明留學市場並沒有因為疫情而嚴重縮水，想出去看一看的大有人在。果然**這世界永遠有兩套規律：一套在嘴上，一套在行動中**。

我想起一件事：疫情最嚴重時，我去預訂北京一家特別高檔的餐廳，服務生說週末已經滿了。我才知道，在我們恐懼疫情時，那些真正能抓住機會的人已經學會如何貪婪了。

我的一個學生，雅思成績也就五、六分[16]，平時的績點也不高，但在二〇二一年被英國一所非常好的學校錄取。原因很簡單，那就是英國那所學校招不到華人。

別人恐懼時我貪婪，別人貪婪時我恐懼。華倫・巴菲特（Warren Buffett）說的話，似乎有理。

留學市場還是會繼續火爆下去，這是我的預測。因為無論如何，出國的意義在於看到更大的世界、在於活出另一種可能。

15 朋友圈是微信的一項功能，使用者可以發布貼文和查看微信好友發布的貼文，在使用者選擇的好友中建立一個親密和私密的交流圈。

16 雅思考試採用九分制評分系統，總分越高表示英文程度越好。其中總分五分表中等程度級用者（Modest User），六分表普通級用者（Competent User）。

學校沒教，你該趁早知道的事

1. 該不該出國？如果家庭條件好，出國對你來說的確是很好的選擇，哪怕學到的東西不多，但那一、兩年的經歷，也能讓你看世界的角度變得不一樣。
2. 這世界永遠有兩套規律：一套在嘴上，一套在行動中。
3. 出國的意義在於看到更大的世界、在於活出另一種可能。

08 對未來好迷茫，該去考公職嗎？

無論在哪，都要保持「隨時離開」的能力。

考公務員就意味著穩定？我是一個在公家單位內待過，後來又離開的人。很多人以為我會給出絕對否定的答案，其實不然。

我曾寫過一篇文章叫〈你所謂的穩定，不過是在浪費生命〉，因為影響力很大，所以很多人在網路上罵我。

這篇文章從來沒有叫大家不要追求穩定，相反，它是想告訴大家，只有不停奮鬥，才能獲得穩定。**就算進了公家單位，也要保持「隨時離開」的能力**，才能所向披靡。可惜的是，很多人都沒有看懂。

那麼，該不該考公職？

我直接給出我的答案：**如果你的家庭條件一般甚至普通**，比如父母是農民、工人、小個體戶[17]，或者是普通企業員工、普通公務員、中產階層以下，他們沒有辦法幫你安排更好的出路，**自己又沒有辦法實現更大的階層躍遷，畢業後你甚至不知道何去何從，迷茫得很**，我覺得**考公務員真的是一條很好的路**。更何況，現在工作不好找，這條路很適合想要穩定的普通人。

當然還有一種人特別適合考公務員，就是**有著自己的夢想，想要為這個國家和社會拋頭顱灑熱血，想要一路在公家單位內「打怪升級」，目標明確。這一類人，一定要去考公務員**。

公務員考試很公平。是的，你沒看錯。我想，公務員考試應該是大學聯考之外最公平的考試之一了。我們確實看到一些新聞說公務員考試黑暗，但你仔細搜尋，還有大學聯考、研究生考試黑幕呢。考試的出題人來自各行各業，要從題庫中隨機挑選組成試卷，哪怕考生認識出題人也沒用，你永遠不會知道自己抽的是哪道題。在這樣的制度下，公務員考試的公平性可以得到保證，你有能力就不會被埋沒。

而如果說大學聯考有地域差異，那麼，地方特考這一層的資源是平等的。跟考研究所一樣，如果你是應屆畢業生，那你幾乎可以報考任何一個公務員職位。地方特考為分區錄取、分區分發，因此地方特考很適合想就近在家鄉，或者有屬意想待在哪個城市的考生。每一個城市都有自己的要求，大家報考時可以仔細看。

公職，讓父母安心的好選擇

公務員基本上可以算是「鐵飯碗」，雖然不會令你大富大貴。公務員的收入，一般包括基本工資、津貼、補貼等，退休後還享有退休俸。如果你喜歡過穩定的生活，不想擔心因為經濟波動所造成的失業問題，那公務人員就是符合你期望的選擇。

我的大多數留在家鄉的公務員朋友，已經有房有車又有孩子。他們的生活比較自由，也沒有太大壓力。最重要的是，爸媽終於放心了，他們再也不會問你在

17 個人或家庭經營，通常不受有限責任保護的企業。

幹什麼。公務員是不少人眼中的鐵飯碗，爸媽會感到很有安全感，也會到處說且以你為傲。長久以來公務員總與鐵飯碗畫上等號，大多數父輩會覺得當公務員是一份好工作，既穩定、福利待遇好，又能夠獲得較高的社會地位。

因為穩定，可能更是女孩子的選擇。

疫情期間，你會發現許多公司停發或削減了薪水，很多公司要麼裁員、要麼倒閉，但公務員依舊保持著不拖欠薪水的傳統，其職位穩定性可想而知。當然，我也不是鼓勵每個人去考公務員，這的確是一份餓不死的工作，但也有可能不適合你。

第一，進公家單位毀專業。無論你讀什麼科系，在公家單位內都顯得不那麼重要。在工作中，可能更需要你有一種綜合的軟實力[18]，比如會溝通、寫文案、組織開會。所以，如果你特別在意自己所學的專業，做選擇時一定要謹慎。

第二，缺乏成就感。穩定是公家單位內最大的好處，也是最大的難受之處。你做的所有事情是按照規定、制度和規矩來做的，導致你很難有獨立和自由的想法。愛自由的人，做這種選擇需謹慎。

第三，不會大富大貴。一句忠告：**想發財，別當公務員**。

第四，熬年頭。公務員的上升空間是有限的，許多要三年才能升一級，但這也因單位而異。有的單位，公務員幹滿三年就可以按期晉升，有的公務員可能幹十年都升不上去。

在公務員體制內，大都是一個蘿蔔一個坑，別人不下去，你肯定上不來。所以，你需要熬年頭。但這年頭，是你的青春。

跟考研究所一樣，我還是建議每一位決定入局的人想明白：一旦決定，別後悔，咬緊牙關；通過考試後，繼續咬緊牙關，耐住寂寞。

大多數在單位內**升遷快的人，不是做了什麼驚天動地的貢獻，而是耐住寂寞沒犯錯**。寂寞時，是磨練自己的最好時間，**無論在哪，都要記得努力學習，磨練出自己的稀缺技能，保持離開後也能活得很好的能力**。無論在哪，擁有這種能力都是關鍵。

---

18 包括人與人之間的社交和溝通技巧、性格特徵、態度和心態等較難以量化的特質。

學校沒教，你該趁早知道的事

1. 想發財，別當公務員。
2. 一旦決定，就別後悔，咬緊牙關撐過；通過考試後，繼續咬緊牙關，耐住寂寞。
3. 無論在哪，都要記得努力學習，磨練出自己的稀缺技能，保持離開後也能活得很好的能力。

09 適應職場的六大軟技能

一份工作，若沒了意義，無論賺多少錢，你都很難受。

不管你現在學的是什麼科系、以後要換哪個科系，按照前文所說，你以後從事的工作，多半和所讀科系沒有太大關係。當然，就算有關係，在實際工作中需要的技能，也比你現在學到的複雜得多。

這個時代變化太快，太多專業是過去沒辦法想到的，學校也是先申請設立一個科系，老師應徵進去後一邊學，一邊教。比如人工智慧（AI）是當前全球發展的重要趨勢，人工智慧人才需求急劇上升，人工智慧相關科系及學程已在各大學遍地開花。

很多老師也屬於趕鴨子上架，還有很多科系，曾經熱門，不到一、兩年，就沒有這個科系的工作了。在這樣一個時代下，作為一個合格的大學生，你必須學會跨界。未來，你一定會換工作，甚至會換行業，但無論你換哪項工作或哪個行業，這些軟技能都是未來的方向。

做好準備了嗎？我們一起來看看。

設計感

人工智慧再怎麼發達，也無法代替一個具備設計感的人。設計的本質是創新，優秀的設計總能創造出一種新的解決方式，讓事情得以順利發展。而這個時代，越來越需要一種設計思維。

簡單來說，設計思維是一套以人為本的創新模式，它關注的核心不是產品，而是人，它是站在人的角度，挖掘人的需求。比如說蘋果被認為是全球最有設計思維的公司之一，好的產品首先得設計的好看，好看就是以人為本。

如果學校有美學、設計、廣告等選修課，你一定要去上，因為這是提高自己美感的最好方式。設計感在未來非常重要，尤其是獨特的設計、獨特的美。你可以看看身邊，幾乎所有東西都被設計過：電腦、手機、LINE介面……。

但可惜的是，現在大多數人的審美，過於單一。我在籌備網路劇《刺》時，就跟導演說過，我們這部劇一定要有不一樣的美感，不能千篇一律，所以一個流量明星都沒用，用的全是實力派演員。選擇校服時，我們也特別留意，不選擇那種千篇一律的，而是選擇淡雅且不浮誇的美。

今後你會發現，**當產品的品質一樣時，是否有設計感是最重要的**。倫敦商學院（London Business School）的研究顯示，每增加一%的設計投入，產品的銷量和利潤就會平均增加四%。無論你在哪個領域，設計感都是非常重要的。

我經常建議聽我課的同學，少看那種審美單一的電視劇，因為既不利於個人審美的提高，也不利於自己的成長。我的審美雖然不太好，但我至少在學習，所以我的每一本書的封面都是有突破的。我自己的公司也經常「逼走」設計師，因為我實在弄不明白，為什麼設計師也能千篇一律？花一整天時間設計的圖，跟昨天的沒有任何不一樣。

那該怎麼培養這種設計感呢？其實提升方法就是多看、多記錄，比如學畫畫、學攝影，然後分析哪種更好看。

王小列是《戰狼2》的攝影指導、著名導演。有一次我跟他聊天，問他除了上課，還有什麼方法能提高設計感？

他說：「一定要**多觀察生活，培養自己對不一樣事情的看法**，去博物館、多看一些雜誌，甚至看戲劇時也要從一些配角那裡找到一些亮點，這對於審美能力的提高很有幫助。」

同理心

現在越來越多的大學生，在大學四年待得缺乏同理心。他們滑著手機看各類影片，打著各種遊戲，冷漠的看世界，一會兒一句：「那又怎麼樣？」

這樣的人，未來多半會被淘汰。

同理心，是以人類為代表的高等哺乳類動物身上的一種經常被忽略的天性。

一個人受傷了、摔倒了、被家暴了，甚至他的孩子受到了傷害，許多人看到這樣的悲劇時，第一反應竟然是：幸虧沒發生在我身上。

同理心就是站在別人的角度思考問題，雖然這些事跟自己沒什麼關係，可自己就是會在意，會不由自主的想像，如果那樣的事發生在自己身上怎麼辦？並產生相應的情緒，有時還會為此做點什麼。這種現象就叫同理心。比如你在網路上看到一些寫得好的文章，覺得是自己想講但是講不出來的，那說明作者其實有同理心。

所有偉大的產品經理、任何一個行業的高手都具備同理心。因為他的產品要跟使用者產生共鳴。在機器和人工智慧面前，更多人希望你能夠調動自己的情感去感同身受。

你現在學的專業，如果不能讓你做到和人感同身受，那以後你多半會被淘汰。比如你學的是法律，但你學到的法律條文不能以人為本，就是無意義的。又比如學的是中文，但你學到的文學不能讓人感同身受，那就是無意義的。

同理心是每個人都有的。比如打哈欠，這個動作是很容易傳染的，在課堂上，看到別人打哈欠，你也會不由自主的打起哈欠來，甚至看到我這句話中的打哈欠，你可能已經開始打了。不僅僅是動作，情緒也會傳染，你看到別人難受，也會想到自己難受的事情。

同理心是人在社會化的世界裡必須掌握的，能對別人感同身受，就能照顧到別人，從而有效的減少矛盾和衝突。動物行為學家法蘭斯・德瓦爾（Frans de

Waal）在《共情時代》（*The Age of Empathy*）中講了個案例：在一次實驗中，出於研究需要，工作人員給一隻倭黑猩猩（*Pan paniscus*）很多吃的，但這隻倭黑猩猩沒有吃，只是無助的看著工作人員，用手指向牠正在觀望的同類。工作人員只好給所有的倭黑猩猩發了一點吃的，這隻倭黑猩猩才開始吃眼前的食物。

顯然，這隻倭黑猩猩為自己得到太多而感到不安，這是群居生物與生俱來的同理心。這就是同理心帶來的幫助，能讓你去考慮別人的感受，也為自己換來了安全和愛戴。

其實每個偉大的藝術家都是這樣的，藝術家就是用作品來幫助我們表達情緒。歌曲、電影、文字都是把別人說不出來的東西說出來。這就是同理心，這種思維，在未來很重要。

你看到某條新聞是不是會潸然淚下？你是不是學習某個專業技能時，心裡會想著某個人？如果是，恭喜你。

說到同理心，我要向大家推薦兩本書，作者是亞瑟．喬拉米卡利（Arthur Ciaramicoli），一本是《共情力》（*The Stress solution*），一本是心理學名著《同理心的力量》（*The Power of Empathy*），作者在弟弟死後，用了一生去提高自己的同理心。強烈推薦你在閒暇時間去看看。

講故事的能力

講故事的能力，也叫故事思維。

所有厲害的暢銷書作家以及好的導演、編劇、創業者、產品經理等，都是講故事的高手。其實，寫故事都是有公式的，比如「主人公的目標＋阻礙＋努力＋結局」。

此外，包括商業領袖也需要會講故事，賈伯斯（Steve Jobs）、馬雲、雷軍都是講故事的高手。在融資的時候，也經常有投資人會說：「請你將公司的故事講給我聽。」

把一個商業、複雜、難懂的事，講成誰都能懂的故事，這個思維模式在未來特別重要。我推薦一本書——《故事的解剖》（*Story*），羅伯特・麥基（Robert McKee）寫的，是每個作家、編劇的「聖經」。如果你讀不進去，也可以看看他的《故事行銷聖經》（*Storynomics*），你會喜歡的。羅伯特・麥基經常到中國演講，以前去聽他演講的都是編劇、作家，現在幾乎各行業的人都有，包括企業家、產品經理、設計師、老師……。

故事很重要，因為故事是每個人都需要的東西，是意識形態的載體。多看小說、電影和那些有營養的電視劇。記得，不要總是講道理，道理讓別人去講，你講故事。

整合資源的能力

之所以鼓勵大家大學四年要去學生會、社團擔任學生幹部，是因為整合資源的能力在未來非常重要。

你認識很多人、學到很多知識、去過很多地方，這都不厲害，關鍵是你怎麼用這些東西。你有很多資源，這也不厲害，關鍵是你怎麼整合這些資源。在演藝圈，整合資源的叫製作人；在公司，叫產品經理；在職場，叫CEO（首席執行官），你把各個部門的負責人搭配好，就有了自己的「公司」。

這種整合資源的人還有個特點，就是能把看似無法匹配的資源組合起來。這種人注重大局，而不拘泥於細節，長期跨界，不滿足於自己的專業，也就是我們平常所說的成為一個跨領域「打劫」的人才。

機器是很難把不同行業的人無縫銜接的。現在這個時代，跨界思維無處不在，甚至逐漸演化成跨界「打劫」。

二〇二〇年初，絕大多數電影的上映都停滯了，但《囧媽》實現了跨界「打劫」，用網路思維——在網路平臺做首播，供用戶免費觀看，直接「吊打」[19]院線，實現了商業上的巨大成功。

那怎麼培養這種跨界思維？其實有個特別好的辦法，就是努力實現技能的遷移，試著在多個行業裡提高自己的能力，多去考慮能否進行多領域交叉。

你要多去思考，你現在擁有的這些資源，能不能碰撞、交叉起來。這就要靠你在大學期間，多參加活動、多籌劃活動、多站在高處調配人事和資源。

19 形容雙方實力差距很大，打得對手毫無還手之力，就像把人吊起來任由拷打一般。

娛樂感

你身邊有沒有那種他一說話大家就笑的人？這樣的人，你一定要多向他學習。因為這樣的人，可能就是未來。這就是脫口秀演員現在賺得盆滿缽滿的原因。所謂娛樂感，簡單來說，就是一種讓人覺得好玩的能力。別小看這種能力，你打開手機上的任何節目，但凡你覺得它不好玩，很快就關掉了。

想想上一次你在課堂上全程沒有走神的課是什麼？為什麼？是不是因為這堂課好玩？玩樂是人類的天性。比如玩俄羅斯方塊，你細想，這是個特別「傻」的遊戲。因為這個遊戲沒有任何目的，它唯一的目的就是看你怎麼死。但即使這樣，人們也願意一直玩下去，因為人們享受玩這個的過程。又比如超級瑪利歐兄弟，這些遊戲一拿到很快就能玩上手。

不僅是遊戲，如果今天你做的是產品，你的產品要會跟人玩；你做的是創新，你就要跟創意玩；你做的是營運，你就要和客戶玩。**任何事情，都要有趣**。**有趣是容易形成習慣的**，除了讓自己的生活有趣，還要經常思考：我學的這些東西，可以使我變得有趣嗎？

在這裡我要推薦一本書由亞當・奧特（Adam Alter）所寫的《欲罷不能》（*Irresistible*），感興趣的同學可以找來讀讀。

娛樂感，將會是未來非常重要的能力，因為娛樂是人的本能，一個能讓人笑的人，肯定是一個聰明且內心強大的人。因為他敢於自嘲、思路敏捷，這一定是可以養成的習慣。

幽默是一項特別稀缺的技能。如果讓一個女生在一個踏實的男生，和一個幽默的男生中做選擇，她多半會選擇幽默的。女孩子經常說，踏實的人拿來結婚（這話本來也帶著幽默感），但如果踏實中還帶點幽默，那就更好了。

提高娛樂感的最好方式，就是收集段子，用一本簿子把自己覺得好笑有趣的笑話記錄下來，喜劇演員黃西把這個稱為段子庫。在這推薦兩本書，分別是黃西的《滾蛋吧，自卑》和李新的《幽默感》。

意義感

意義感十分重要，生命若沒有意義，便如同行屍走肉。

你一定要站在更高處問自己：「我學的專業在未來有意義嗎？」我說的意義，是那種從上到下、大的意義。比如你學文學，你有沒有想過，你學的是人類思考的結晶，未來你也要寫出改變一代人的小說？又比如你學醫學，這辛苦的五年裡，你有沒有想過，未來你會拯救無數生命，救死扶傷、改變世界？如果你覺得所學的專業沒意思，找不到意義，想必你也學不好。

意義，是自己找到的。

現在，許多年輕人找工作時的要求很簡單：要麼給我錢，要麼給我意義。意義和錢是對等的。

有時候意義比錢重要。當一個人的溫飽被滿足後，他肯定要思考工作的意義，所以工作一定要有意義。什麼叫意義呢？總結來說，就是你學的專業能力、做的事能否和偉大、美好、真摯、善良這些詞連繫在一起。做事時，要多思考這件事有什麼意義。這種思維模式是未來需要的。在未來，意義感會變得極為重要，所有有才能的人都會追求自我實現、追求自我價值的最大化，但請記住，**意義是自己定義的**。

哲學家尼采（Friedrich Wilhelm Nietzsche）和叔本華（Arthur Schopenhauer）

都說生命沒有意義，但我們在追求意義時，忽然發現了意義，甚至產生了意義。

專業能力，你可以學得苦，但一定要找到意義。這樣多苦都值得。看著遠方，向著未來，才能勇往直前。當你進入職場時，薪水可以少，但一定要有意義。同理，**一份工作，若沒了意義，無論賺多少錢，你都很難受。**

學校沒教，你該趁早知道的事

1. 適應未來職場的六大軟技能：設計感、同理心、講故事的能力、整合資源的能力、娛樂感、意義感。
2. 一份工作，若沒了意義，無論賺多少錢，你都很難受。

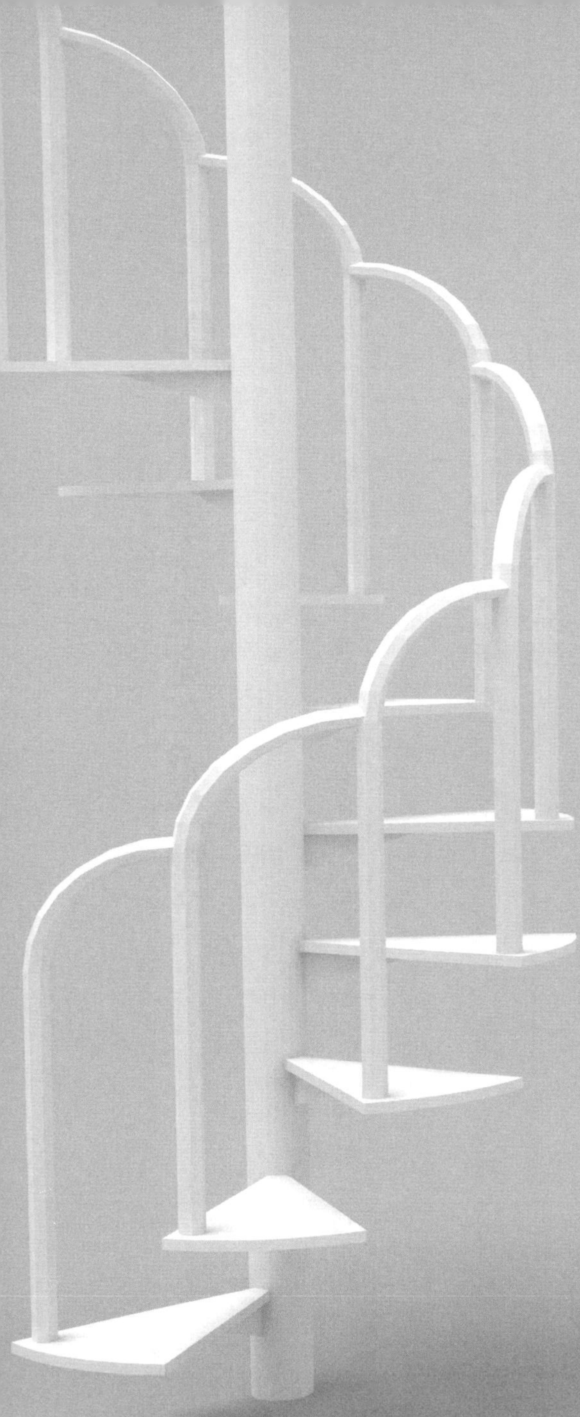

第二章

焦慮下一步，還是走好這一步？

01 讀大學，究竟在讀什麼？

自尊心太強不是什麼好事。在學習面前，每一個人都應該是謙虛的。

大學和高中不同，如果說高中重要的是教材、是課本、是考古題，那大學重要的是老師、是雜書、是同學。

是什麼區分了一流大學和一般大學？

是設施嗎？

我去過一所北京的院校，那裡的宿舍環境好得不可思議：四個人一間房，有陽臺，還配備了空調；學校不大，但有四個食堂；綠化環境很好，每週五還有噴泉表演。這所院校不是清華、北大，而是一所普通大學。

是大樓嗎？

大連一所學校的大樓有三十五層，高一百五十公尺。雖然它是一所很好的學校，但並不是排名全國前幾名。

是規模嗎？是人數嗎？其實都不是。是教師。

每個學校都有自己的教師團隊，但大師可能就那麼幾個。可是那麼幾個大師，就能代表一個學校在某個領域的水準。所以，會學習的學生，一定不會蹺那些大師的課。要知道，有多少人跋山涉水、翻山越嶺，就是為了來聽一次他們的課、問他們一個問題。

並不是每個老師都是理想中的好老師。這麼說吧，有的老師上課唸ＰＰＴ（投影片）或者照著課本唸，還不怎麼備課，這樣的老師難道不是在誤人子弟嗎？這種水準的老師和大師的差距還是很大的。

這涉及了另一個問題，大師的時間都是寶貴的，他們的課都是稀缺的，有些年紀大的大師，可能講著講著就退休了，那怎麼辦？感謝印刷術，讓那些厲害的人的思想被更多人知道。

教學裡有一個重要邏輯——教而優則著。那些講課講得特別好的老師，你在網路上搜尋他的名字，總能找到他的作品。而人的作品，就是其思想的衍生。我有個習慣，那就是只要遇到特別好的老師，我都會問他有沒有寫過什麼書，然後把他的書都買回家讀。

於是，我們涉及讀大學的第二個關鍵點——讀書。

讀書是最優雅、性價比最高的、提升自己的方式。在大學，你最應該去兩個地方：一個是圖書館，另一個是書店。讀書是一件極其美好的事，你能想像你和哲學家馬克思（Karl Marx）聊天嗎？你能想像你和尼采聊天嗎？你能想像你和孔子聊天嗎？

當你在宿舍讀《資本論》（*Das Kapital*）、在圖書館讀《悲劇的誕生》（*Die Geburt der Tragödie aus dem Geiste der Musik*）、在書店裡買了一本《論語》時，你便穿越了時間和空間，與這些大師有了交流。

在附錄A，我列出推薦大學生必讀的五十本書。想要書單的同學，可以直接翻到那裡。書讀得越多，你越會覺得自己渺小，越覺得世界偉大，越尊重未知的世界，越期待看到更大的世界。

讀大學的第三個關鍵點，是同學。

三人行，必有我師焉。無論你是不是在一所好的學校，你身邊一定有值得你學習的同學。哪怕你在一個人人都不怎麼學習的爛學校，在學習論壇裡，也一定有人在默默「潛水」下載資料。這樣的人，你總能找到他們，跟著他們一起學習。你從同學身上學到的東西，可能比你從老師身上學到的東西還要多。

大學四年要培養的三種思維模式

當你明白了讀大學究竟是讀什麼時，就一定會明白，有三種思維模式是大學四年一定要學會的。

• **獨立思考。**

要學會獨立思考，首先要敢於挑戰權威，擺脫思想依賴的習慣。不是每個老師講的話都是對的，不是每本書說的都是金玉良言。**學會獨立思考的前提，是懷疑一切**。懷疑和質疑不一樣，質疑是當面或者背後說出來，懷疑是內心深處的疑惑，不一定要說出來。

做人留一線，日後好相見。上課時就算要懷疑，也要注意表達方式。高情商也是大學四年應該要學習的。

● **學會提問**。

一個好的問題，能夠獲得好的回答。可惜的是，越來越多的大學生沒辦法提出好的問題，因為他們的問題在網路上都能搜尋到，也都能找到標準答案。心理學家莉蓮．莫勒（Lillian M.Gilbreth）說過，**提問是使你的大腦實現程序化的最強力的手段之一，因為提問具有強制思考的力量**。

人類，天生喜歡被問，從而觸發思考和交流。因為人的大腦從機能上來說喜歡接受提問，從而自發思考。天才科學家，總是不斷的向自己發問。因而，提問遠比命令更具效能，它有助於創意和對策的產生。

如果你在大學四年裡，能問出四個好問題，並能得到解答，已經是物超所值。好的問題一定是經過內化和深思後提出來的。學會提問的思考模式，你就能在大學裡找到自己的弱點，並克服它，獲得成功。

我看過一個段子，說中國學生回到家裡，家長都問：「你今天學到了什麼新知識？」而猶太學生回到家裡，家長則問：「你今天問了什麼好問題？」前者側重於學習已經有的知識，而後者側重於發現未知的問題。後者的學習效率，比前者高得多。

推薦一本書由美國作家尼爾・布朗（Neil Browne）寫的《看穿假象、理智發聲，從問對問題開始》（*Asking the Right Questions*）。很多人看完這本書後再去聽老師的課、聽別人的講座，都學會了如何提出自己的問題。

● **反思能力**。

如果可能，大學四年一定要寫日記。日記不是給別人看的，而是透過這些日子，自己完成反思。今天做得不好的事情，精進並反思；今天做得好的事情，看能不能做得更好。

我曾經遇到過一個做什麼事情都失敗的人，那天他在朋友圈裡發了一句話：你是怎麼做到工作、愛情都耽誤的？

其實他遠不只如此。我認識他是三年前，這些年他嘗試過很多行業，從英語教育到後來的知識付費，再到今天的新媒體營運。我給他按了個讚，他忽然發訊息給我，向我吐了一肚子苦水。

當然，我也沒有解決方案。跟他聊完，我忽然意識到，一個人要把每件事情都做失敗，其實很難。做一件事失敗，也就算了，**如果你做每件事都沒成果，背後一定有原因，要麼是目標太大，要麼是方法有問題**。但無論如何，他跟許多人一樣，缺乏一種思維模式——反思。

關於反思，推薦一本由馬修．席德（Matthew Syed）所寫的《失敗的力量》（*Black Box Thinking*）。書裡有三條方法論，我也一併提煉給你。

❶ 不要被過強的自尊心干擾。

一個人如果常年有著過強的自尊心，很容易陷入麻煩，不進步、不反思。因為他太在乎自尊，遇到一點小失敗，就跌坐不起。

比如牛津大學（University of Oxford）有些學生會有一種奇怪的行為，就是在關鍵時刻突然毀掉自己以前所有的努力。要知道他們可是牛津大學——世界頂尖名校的學生，竟然也會如此。

他們每個學期末都有一場重要的考試，就算平時沒有學好，同學們一般也會在考前臨時抱佛腳，抓緊時間複習，努力一把，萬一最後考試過了呢？但是有一些學生很反常，平時表現優秀，可是到了最後關頭卻選擇用非常消極、被動的方式對待考試。他們會在考試的前一晚把自己灌得爛醉或抽大麻、辦聚會，或者乾脆跑到很遠的地方去玩，直接缺考。

他們為什麼要用這種自我毀滅的方式對待自己？其實這種行為很常見，在心理學上被稱為「自我妨礙」：因為他們太害怕失敗了，所以只要最後的成績和他們想像的有差距，他們就會給自己貼上失敗者的標籤，而這樣會深深傷害他們的自尊心，因為他們可是牛津大學的高才生，無比優秀。為了防止這種傷害發生，他們會拚命保護自己，而保護自己的方式就是蓄意的毀掉機會，給自己的失敗找藉口，把一切歸因於外界。

只要是自己頭一天嗨得太晚、喝得爛醉，或者沒有參加考試，那失敗的原因就是外界的，跟自己無關。但是，如果自己認真準備、認真考試卻失敗了，那就是自己的原因了——也許是不夠聰明，也許是不夠優秀，反正就是會傷害自己的自尊心。

越是好的學校或公司裡的人，這種心理越普遍。可是為了維持這種虛假的良好形象，他們通常會被迫放棄很多機會。他們保護自尊心的欲望太強了，以至於錯過了從錯誤中學習的機會。

我經常會覺得，**自尊心太強不是什麼好事。在學習面前，每一個人都應該是謙虛的。**一個人自尊心強不一定會被人尊重，被人尊重只有一種情況，就是他值得被人尊重。

所以，在犯錯時請認知到，錯誤並不會損害一個人的價值，和一個人的能力也沒有必然關係，和一個人的人格和品行更沒什麼關係，錯誤和失敗都會讓自己獲得成長和進步的契機。

❷設立機制。

當一個人犯錯時，減少對其錯誤行為的譴責。在班級、學校、公司等任何團體，都去創造允許失敗的文化氛圍。除此之外，相信機制和制度的力量，比如在做事之前設定清晰的目標、列清單，在做事之後反思得越細越好，盡量細到不能再細。因為很多**失敗是從細節開始的**。

這就像一個笑話裡面提到的：一個打馬蹄鐵的沒把馬蹄鐵打好，結果釘著這個馬蹄鐵的馬跑的時候讓士兵摔了一跤，導致打了一場敗仗，國王因此而失去一個國家。這就是所謂的蝴蝶效應。

所以，不要總覺得細節不重要，複盤時，要精確到每件小事。只有做到徹徹底底的反思，人才能不犯錯。

❸ 以失敗為基礎進行預演。

在《失敗的力量》裡介紹了一種方法，叫做「事前驗屍」（premortem）。這是一種以失敗為基礎的驗證專案可行性方法，是一種頂級的快速試錯、快速失敗，從失敗中汲取經驗的方法。也就是在一個專案開始之前告訴所有人，這個專案已經失敗，現在，團隊的所有人一起來做腦力激盪，推演出這個專案失敗的原因。在這個過程中，所有人都可以暢所欲言，盡可能讓自己找到的理由看起來很合理。這種把失敗形象化預演的方式，可以幫忙找到新專案的盲區，讓本來被掩蓋的問題浮出水面，幫助團隊取得成功。

這種方法成本很低，但是可以反思得很徹底。**成功的原因各式各樣，失敗的原因就那麼幾個，找到它們，然後提前反思。**

比如，你被當了，你可能說自己粗心、可能說自己沒努力，但你有沒有想過這背後更深層次的原因是什麼？可能是某道題你不懂、可能是某節課你沒注意聽、可能是考試前你熬夜。每一個原因都有更深層次的理由，你要找到它，並深刻剖析它才行。

這是你在大學四年需要養成的好習慣。

利用校外資源

我很羨慕現在的大學生，想要什麼知識，一臺手機就能解決。還記得我剛學英語時，我查了好多詞典還是不知道 close up 和 close down 的區別。我去英語教學研究室問英語老師，每個英語老師講的都不一樣。後來我在網路上認識了一個外籍教師，還記得那是一個下雪天，我在對外經貿大學的圖書館門口「堵」到了他，問了這兩個片語的不同。

我至今難以忘記那段經歷。今天，我們再也不需要自己跑到校外了。一條網路線和一臺手機，就能把我們的大腦「運送」到幾千里之外。新時代的大學生一定要會使用網路，擁有網路思維，也就是我們常說的，搜尋力。

雖然搜尋不等於解決問題，但搜尋能給你帶來很多啟發和靈感。我自己不太喜歡用百度[1]，百度給出的資訊不一定準確。我比較喜歡用知乎[2]，雖然知乎上這些年很多觀點也有點偏頗，動不動就批評誰、罵誰，但總結來說，還是能給你帶來一些思考。

我的建議是，無論如何，你一定要學會搜尋。比如你需要哪個領域的圖書，你可以直接在電商平臺搜尋，然後購買就行。

我們還可以線上免費觀看來自哈佛大學（Harvard University）、耶魯大學（Yale University）等世界級名校的公開課。其中還有可汗學院（Khan Academy）[3]、TED（Tenders Electronic Daily）的公開課。而利用零碎時間進行學習的知識付費平臺，也特別適合畢業後學習。

除了線上課程，有些線上課程老師也會開實體課程，若你覺得某位線上課程老師教得不錯，你也可以去上他的實體課程。實體課程的好處在於情緒和能量的不同，以及線下的社交。不要小看線下和線上的不同，線下的效率的確高於線上，這是不爭的事實。

這一章，我們更深入的了解大學四年的學習目標，希望對你有用。

1 一家主要經營搜尋引擎服務的中國網際網路公司。

2 中國知識問答平臺。

3 是由孟加拉裔美國人、麻省理工學院及哈佛大學商學院畢業生薩爾曼・可汗（Sal Khan）在二〇〇六年創立的一所非營利教育機構。

學校沒教，你該趁早知道的事

1. 大學四年要培養的三種思維模式：獨立思考、學會提問、反思能力。
2. 如果你做每件事都沒成果，不是目標太大，就是方法有問題。
3. 自尊心太強不是什麼好事。在學習面前，每一個人都應該是謙虛的。
4. 成功的原因各式各樣，但失敗的原因就那麼幾個，找到它們，然後提前反思。

02 知識決定賺錢的起點

讓自己變得值錢，而不是在最應該學習的年紀裡，選擇賺錢。

我的一個學妹，大學聯考分數很不錯，考進了中國人民大學經濟系。人大的經濟系——無數學經濟的學子夢寐以求的地方，她考上了。

大一那年，她嫌自己窮，又不想找爸媽要錢，於是找到我，要我幫她介紹一個能賺錢的工作。

我說：「妳想要什麼樣的工作？」

她說：「能賺錢就行。」

我那時正在教育訓練機構教英語，我就問她：「妳能教四六級嗎？我能幫妳找訓練機構，讓妳去兼職。」

她笑了笑說：「龍哥，我還沒考過英語四六級呢！」

我問：「那妳能教什麼？」

她說：「我能教高中以下的，畢竟我的大學聯考分數擺在那，但就是沒資源。你趕緊幫我想想辦法，我很需要錢。」

我一開始以為她是半工半讀，後來才知道，她是想買最新款的蘋果手機。當然，我沒有對其進行道德評判，靠自己的實力賺錢不丟臉。

我找了一家專門做 K12 教育（學前教育至高中教育）的訓練機構，對方看了她的簡歷，同意錄用她，只是把薪資壓得很低。到職前，我打聽到她在高中時曾自費出過國，家庭條件應該不差。

過沒多久，她到職了。第一個月，她就透過接課、修改講義賺了三千多元。幾個月後，她請我吃飯，餐桌上，她開心的告訴我：「這些錢都是我賺來的，不是父母給的，而且因為這半年課上得不錯，老闆準備幫我調漲薪資。」

我深知備課不易，兩個小時的課，背後至少需要付出十個小時的努力。我問她：「那妳還有時間學習嗎？」

她說：「那些不重要。你看我的同學，有多少能像我這樣自力更生？」

我繼續問：「那以後當個老師，這樣的生活是妳想要的嗎？」

她說：「當然不是，我是學經濟的，以後一定會去投資銀行或者做投資，那才是我想要的。」

我說：「那錢賺得差不多就行了，妳該辭職就辭職，別戀棧。畢竟這不是妳想要的，別花太多時間在這上面。」

她點頭。

後來，我發現我說的這句話沒什麼用，因為老闆很快幫她調漲了薪資，每小時多了二十元，這樣下來，一年也能多個好幾千元。在金錢的誘惑下，她繼續兼職賺錢，就這樣兼職了三年。

每天，她大多數時間在工作，只花費小部分時間在課堂上和圖書館裡，慢慢的，輸出時間占據了她大部分生活，輸入時間寥寥無幾。到了大三下學期，她一個月已經能賺到五千多元。可是，她在最該學習的時間裡，選擇了把時間全用來賺錢，每天看似忙碌勞累的生活持續了幾年，最後卻毀了自己。

畢業那年，她的同學都去了香港、澳門、美國，去了跟經濟有關的五百強企業實習，卻沒有企業要她。我問她這是為什麼？

她說：「他們都有一些證書和實習經歷，而我沒有，我還差點被當。」

我說：「妳為什麼沒有？」

她抓抓頭，好像不好意思講原因，或者想告訴我：「這還不夠明顯嗎？」然後，她膽怯的說：「現在準備還來得及嗎……。」

那幾年，同學們都在瘋狂的學習，拚命的「泡」圖書館，能考的證書，拚了命也要考。而她早出晚歸，雖然賺了很多錢，卻在大學四年連最基本的英語四六級考試都沒有參加。看似努力的生活，卻毀掉了大學四年。

畢業後，她沒有進入夢寐以求的投資銀行，繼續在大學四年一直兼職的地方轉成全職，我以為這就是她想要的生活。後來我遇到她幾次，她想要我幫她找其他工作，可是她該考的證書都沒考，該修的學科也差點被當，我很難幫上忙。每次看到她都挺難過，她抱怨自己把路走窄了。

她不敢參加同學聚會，因為她在大學四年本來是最富裕的，現在她的同學動不動就年薪百萬的出現在面前，而她只能默默的承受著，在該學習時忙於賺錢的後果。後來我經常聽到她說：「**不應該在最應該學習的年齡，選擇忙於賺錢。**」

這話讓我很受益，我也經常在課上講給學生聽。畢竟，如果不考研究所，大學四年應該是自己吸收知識最密集的時候，而錢，你有接下來一輩子的時間去賺。可是**畢業後你學到的知識，決定了你賺錢的起點、決定了你進步的速度、決定了你怎麼去看這個世界。**

以賺錢為目的的兼職，是最愚蠢的投資

幾年前，我寫了一篇文章叫〈以賺錢為目的的兼職，是最愚蠢的投資〉，在網路上收到了很多反對的聲音，有人說：「你忘記考慮有一些家庭貧困者，連飯都吃不飽的情況，他們需要賺錢，需要兼職。」

我想說的是，第一，如果家裡貧窮，學生就更應該好好學習，獲得獎學金、拿到助學金，甚至現在有助學貸款（這裡提醒你，千萬不要碰校園貸[4]），就是為了讓你在該學習的年紀裡，不要以賺錢為目的去做兼職。你明明可以減少欲望

4 指在校學生向正規金融機構，或者其他借貸平臺借錢的行為。臺灣也發現類似的機構，標榜「只要有學生證」即可購物借錢，且學生向網站借錢後「絕對保密」，不會讓爸媽或其他家人知道。

或者壓制欲望，投資以後，做到延遲滿足。

許多貧窮，不是靠你做點苦力就能改變，你需要透過長期的學習、大量的閱讀、長久的思考改變命運。思維改變活路，讀書增值帳戶。畢業後，你可以憑藉自己的技能，實現階層跨越，否則你還是做著發傳單、當服務生的苦力活。

第二，大多數人所謂的貧窮，無非是不能買新衣服、不能換新手機。如果只是因為同學買了，你就要攀比，大可不必。每一件新衣服都會過時，每一款新手機都會貶值，而投資知識不會，投資自己更不會，這些只會讓自己增值。

那你可能要問，難道做兼職不對嗎？

你看你又極端了，以賺錢為目的的兼職，不對。

大學四年，尤其是寒暑假，一定要做兼職，而且一定要找實習。實習單位可以不給你錢，但一定要做到兩點：一是能讓你學到東西，二是能提供實習證明。

我表弟學影視編劇專業，在寒暑假時幫別人發傳單，回到家總是很累。我有一次去看他，他告訴我這些，想要我稱讚他。

我問他：「你告訴我，透過發傳單，你能學到什麼？這是不是每個人都能發？那你讀大學幹什麼？選科系讀幹什麼？」

他被問倒了，又怕沒面子，於是嘀咕了一句：「可以鍛鍊我的臂力。」第二天他辭職了，幾天後又去肯德基端盤子，我問他：「這個又能鍛鍊你的臂力是吧？」

他很生氣的問我：「這個不能幹、那個也不能幹，那你告訴我，我應該找什麼實習？」

我說：「你學電影，就應該找個劇組、找家電影公司，投履歷給人家，甚至找關係也要進去。就一個暑假，關鍵是你要學習一些學校不教的技能，比如怎麼跟人合作、怎麼寫出一個好的劇本、了解製作人和觀眾喜歡什麼題材……。」

他說：「那萬一他們不給錢怎麼辦？」

我瞪了他一眼。

後來他還是去了一個劇組實習，僅僅一個暑假的時間，導演竟然讓他去片場改劇本，那是劇本創作中最難的一環。因為現場改劇本，最大的問題就是多變，一個演員忽然加進來、一個場景忽然不能用了，他要跟各種人交談，聽各種人的要求和意見。一個暑假下來，他竟然瘦了好幾公斤。

我以為他回來肯定要罵我，說我摧殘他。但暑假結束後，他告訴我：「哥，真是太爽了，你知道嗎？我學的這些東西，學校根本就不教。而且我在實習過程中發現自己有很多不懂的地方，後面兩年，我一定要往這個方向好好努力。」

透過一次實習，他知道自己要什麼，方向更明確了，學到了學校不教的東西。雖然沒賺到錢，但前者更重要。接下來幾年，帶著疑惑，他可以更有方向的學習了。

那為什麼要實習證明？因為當你決定出國、找公家單位內的工作時，就知道那張紙是多麼重要了。

所以，實習重要嗎？太重要了。無數學生在上學時盼望放假，放假後盼望上學，這種惡性循環全是對目標感到茫然、學習不飽和而產生的。

我記得我大學時的寒暑假，有時候只有二十多天，我要麼在網路上找個實習機會、要麼報個學習班充電。別以為青春依舊，有大把的時間可以快活，其實青春很短，轉瞬即逝。寒暑假，才沒有大把的時間荒廢呢。

那有人要問了：現在不賺錢，看父母經濟壓力太大，心疼，怎麼辦？其實，父母不指望你一下子賺多少錢，他們只希望你有一技之長，將來能自立。做到今後有更好的出路、更高的起點、更廣闊的發展，才是真正的心疼父母。

既然決定上大學了，就代表你選擇了一種投資。這四年，你可以更加努力的**讓自己變得值錢，而不是在最應該學習的年紀裡，選擇賺錢**。現在拚了命賺錢，以後可能會沒錢；現在拚了命輸入，以後才有更好的收入。

學校沒教，你該趁早知道的事

1. 畢業後你學到的知識，決定了你賺錢的起點、決定了你進步的速度、決定了你怎麼去看這個世界。
2. 以賺錢為目的的兼職，是最愚蠢的投資。
3. 許多貧窮，不是靠你做點苦力就能改變，你需要透過長期的學習、大量的閱讀、長久的思考，改變命運。
4. 讓自己變得值錢，而不是在最應該學習的年紀裡，選擇賺錢。

03 語文，天生就重要

閱讀決定了你的寬度和廣度，寫作決定了你理解知識和表達的深度，而演講決定了你的影響力。

我們大多數人，都低估了語文在大學四年的重要性。

高中時期，一說到語文，大家的第一反應是聯考的分數。很多人對語文的樂趣，被扼殺在搖籃裡。但真實的語文，不是這樣的。

語文包含的主題很多，為了更簡便的闡述這一節內容，我只分為三個板塊：閱讀、寫作、演講。**閱讀決定了你的寬度和廣度，寫作決定了你理解知識和表達的深度，而演講決定了你的影響力。**

閱讀的重要性不言而喻，我在前面第三十六頁中提到過，也會在下一節詳細說明。很多人對寫作有誤解，認為只有作家、編劇、編輯、記者這些職業需要寫作，這是大錯特錯的。很多工作，脫離了好的文筆，幾乎沒辦法開展。比如律師、法官、產品經理，甚至是文書、祕書等很多基礎性公務員職位。

寫作技能如此重要，但大多數人沒有重視。**除了掌握技巧，寫文章最好的方法就是瘋狂輸出**。多寫日記、隨手筆記，註冊一個社群帳號，一週更新三次，堅持是最好的良藥。

在這裡，我主要聊聊演講，也就是口頭表達能力。

演講包含的軟實力有很多，談判能力、領導能力、會議組織能力、年終總結能力……這些都是未來職場的必備武器。很多人走入職場或者創業後，才發現這些技能十分重要。當這些技能被需要時，我們才遺憾為什麼不早點花時間、用正確的方式去鑽研練習。且大學裡竟然沒有一門課有系統的講這個。

我的建議是，如果大學裡有演講協會，你一定要努力參與，爭取更多上臺的機會。同理，如果大學裡有演講比賽，你也要不遺餘力的參與。不要覺得不好意思，哪怕忘詞了、講錯了，下次再來就行。

演講，顧名思義，一邊要學會不停的講，一邊要學會表演。所謂表演，就是演自己，不要緊張。直到今天，我每次在公開場合演講時，還是會感到緊張，只是一般人看不出來，因為我可以在公開場合表演得很冷靜了。

接下來我要說的乾貨很「乾」，「乾」得你馬上可以拿來用。

演講最重要的是內容。我的建議是，**無論你在哪演講**，**一定要寫逐字稿**。一來防止自己口不擇言，在這個時代，有時候你說的一、兩句話，會被人斷章取義的放到網路上批評，真的是得不償失；二來在寫逐字稿的過程中，你剛好能檢視自己的每一行字，這也是一種內省的方式，讓每一句話變成精華。

我的一個朋友，在參加英語教師面試時，把自己的逐字稿對著牆講了一百遍，我不知他曾經有什麼樣的慘痛經歷，但他就是這樣講了兩天兩夜，後來上臺時無比自然。評審委員說他是天才，他說：「我只是把它講了一百遍而已。」

除了努力和堅持，讓我再來跟你分享一下演講的九條規則吧！

- **流利**。

對於初學者而言，最怕的就是卡詞、結巴以及忘詞，所以，無論你講得如何，首先要流利。流利代表對自己演講的自信，代表對內容的熟練，代表你對自己演講的認同。

對於初學者而言，**無論演講內容如何，一定要流利，至少要在氣勢上震懾別人**。在演講現場，聽眾往往十分多樣，有些是你的支持者、有些是你的反對者、有些保持著中立。我們演講的目的，就是讓中立者站到你的陣營，讓反對者對你的態度有所改變。

所以，流利程度應該是最重要的。我們應該對自己的演講內容極其熟悉，知道在哪裡停頓、在哪裡停止、在哪裡渲染。如果自己都不相信，那誰的立場你都改變不了。

● **內容**。

好的內容，能讓一個演講傳播得更遠。在這個知識爆炸的世界裡，不是每一種知識都有用，也不是每一種知識都適合演講，與其瞎講，不如不講。我對好演講的看法是這樣的：**要麼故事足夠令人難忘，要麼深度足夠令人思考。這個世界根本不缺講道理的人，缺的是講故事的人**。

知名編劇宋方金說：「故事是每個人的神明，是照亮人的光明燈。」世界英語演講比賽冠軍夏鵬曾說過，自己對著牆講過兩千遍。後來我開始明白，他的意思其實是：改了兩千遍，每個亮點之間停頓幾秒都需要講究。

好的演講都有一個特點：臺上一分鐘，臺下是無數次重複。寫↓改↓練↓模擬，然後重複。

還是那句話，寫逐字稿是必須的，把內容練到純熟是對別人的尊重，更是對自己時間的尊重。

● **語言**。

請大家思考兩個開場白：一是「謝謝你們來到這個地方」；二是「有多少朋友是第一次來這裡」。這兩個開場白，哪個好？

沒錯，第二個。為什麼？因為第二個正在和觀眾互動。當然，**和觀眾互動一定要記得「假互動」，不要真的等著觀眾給你回應**。因為萬一他們不給你回應，你不就尷尬了嗎？

所謂「假互動」，叫自問自答。「大家覺得這道題選哪個？有人說選A，真的嗎？」實際上沒有人說選A，但你要學會自問自答。

另外，同樣一句話，換一個方式去表達、去包裝，就能傳遞的更好。比如，「我非常討厭A」和「A這個人有些奇怪」，後者就更加溫和一些。關於演講的語言魅力，我的建議是**要麼幽默，要麼勵志**。幽默能讓現場的氣氛變舒服，勵志能讓現場聽眾的情緒變飽滿，這兩種結果，都應該是演講者期待看到的。

● **眼神交流。**

演講者應該環顧四周，不盯著某處看，照顧到全場觀眾。我的建議是，當你看到一個人隨時在跟你互動、點頭、鼓掌，你就把眼神放在他身上，然後慢慢影響別人。等影響到別人時，你再把眼神放在其他人身上。**你的心情千萬不要被少數不聽你演講的人帶著跑，這十分重要。**

● **手勢。**

演講時如何使用手勢是最令人頭疼的，因為每次被注目時，人總覺得自己的手是多餘的，不知道放在哪裡。其實很簡單，**當有桌子時，雙手輕輕的放在桌子上；若沒有桌子，雙手垂於腰旁就好。**

● **表情。**

中國有一句古話：「伸手不打笑臉人。」當然你不能笑得太猥褻，自信的笑，能給人很強的親切感。但**當你在講述一些嚴肅的話題時，一定要收住笑容，並且抑揚頓挫的講述。**此時，手勢也能增加許多氣勢。**當你不清楚臺下人的狀況時，微笑是萬能的解藥。**

- **穿著**。

演講往往被稱為正式的談話，每次演講時，我一定會穿著一身比較正式的服裝。其實像我這麼愛自由的人，很討厭穿得西裝革履，但是，對於陌生人來說，演講的前三分鐘非常重要，能直接決定他對你的判斷。而一身正式的穿著，能增加許多儀式感。這些儀式感，能讓大家更容易進入你的演講，尊重你的主題。

- **輔助**。

許多人在演講中喜歡用酷炫的PPT、好玩的音訊、有趣的影片，我從來不用。因為我深知，一旦演講離不開這些東西，接下來就會很麻煩。因為你的演講內容被這些輔助工具牢牢的控制住了。真正的高手，他們一定知道：當聽眾對你的輔助工具的興趣，超過了對演講本身，你也就失去了演講者的魅力。

- **熟能生巧，刻意練習**。

我在大學時，曾把自己關在空無一人的教室，每天對著牆演講四十分鐘，堅持了八個月。後來我當老師，把自己的演講稿對著牆講一百遍，每次都錄音聽，確定這是一個名師能講出來的最高水準，我才敢上臺跟學生分享。**所有的演講高手，都在背後演練過無數次**。

我的一個朋友是臺灣非常知名的演講家，叫火星爺爺。有一次，他的演講被排在下午，他講得十分精采，但誰也不知道，他早上一個人拜託多媒體師傅打開多媒體設備，自己在空空的禮堂彩排過一遍。所有流利的演講，都有過刻意的練習，因為只有刻意練習，才能打造出最好的演講者。

最後我想說，好的演講，一定是以內容為核心。倘若一個人不讀書、不學習，他的內容不可能好。所以，好的輸出者，一定是個偉大的閱讀者，而**偉大的閱讀者一定具備以下幾個特點：**

快。好的閱讀者在這個訊息量倍增的時代，一定有著超快的閱讀速度。至於怎麼樣讓自己的閱讀速度變快，大家千萬不要學習那種奇怪的「量子閱讀法」，你可以參考一本被名字耽誤的書叫《如何閱讀一本書》（*How to Read a Book*）。大多數的書不用逐字閱讀，很快看過一遍，就能理解。

準。我們都做過閱讀理解題，幾乎所有的高手都是先看題目，再看文章。先提出問題，再去閱讀，在閱讀中尋找答案，這樣的閱讀事半功倍，這才是閱讀的高手。

批判性閱讀。好的閱讀者不是處於被持續灌輸的狀態，而是和作者交鋒的狀態。你可能不同意作者的觀點，也可能有自己想補充的話，把你的話寫在旁邊，進行獨立思考。這樣讀到的書，就能成為自己的了。

最後一句話，送給每一個大學生：請你一定保持輸出。這個世界，牢牢掌握在輸出者的手中。不要把你心裡的世界，呈現給那些你不喜歡的人。所以，大膽的寫和說吧。

學校沒教，你該趁早知道的事

1. 閱讀決定了你的寬度和廣度，寫作決定了你理解知識和表達的深度，而演講決定了你的影響力。
2. 除了掌握技巧，寫文章的最好方式就是瘋狂輸出。
3. 演講的九條規則：
   - 流利：無論演講內容如何，一定要流利，至少要在氣勢上震懾別人。
   - 內容：無論在哪演講，一定要寫逐字稿，把內容練純熟。

◆語言：要麼幽默，要麼勵志。
◆眼神交流：環顧四周，不盯著某處看，照顧到全場觀眾。
◆手勢：有桌子時，雙手輕放在桌上；若沒有桌子，則雙手垂於腰旁。
◆表情：講嚴肅的話題時，要收住笑容；不清楚臺下人的狀況時，微笑是萬能解藥。
◆穿著：正式的穿著能增加儀式感，讓大家更容易進入你的演講。
◆輔助：當聽眾對你的輔助工具（如簡報）的興趣，超過了對演講本身，你也就失去了演講者的魅力。
◆熟能手巧，刻意練習：所有的演講高手，都在背後演練過無數次。

04 翻譯是良心事業，原著告訴你的更直接

資訊一旦被傳播，就會面臨著衰減和走樣，甚至出現變形。

在大學時一定要多讀原著。香港中文大學的甘陽教授在北京大學、中山大學等多所學校上過課。他發現不少中文系學生在讀大學、研究所時沒有完整的讀過一本原著，不少外文系學生竟然還不如理工科學生讀得多。他還問過學西班牙語的學生，幾乎沒有人讀過《唐吉訶德》（*Don Quijote de la Mancha*）原文書。

原著告訴你的更直接

美國很多大學的學生在大一、大二就被要求讀原著，他們每週的閱讀量在五百頁至八百頁，中國大學生的閱讀量可能還不到一百頁。為什麼建議大家讀原

著？我會用以下兩個小故事告訴你一手知識的重要性。

作為「原著黨」，我不太喜歡《嫌疑犯X的獻身》[5]的中國版電影。如果你看過東野圭吾的作品，你會發現他的腦洞[6]是越來越大。

影片透過登場人物、事件發生的時間和地點等，各種巧妙的設計埋下伏筆，給最後事件謎團的解開帶來衝擊和意料之外。而整個故事的情感高潮在於石神自以為完美勝利，卻在看到靖子自首後號啕大哭，書中是這樣說的：「靖子如遭凍結的面容眨眼間幾近崩潰，兩眼清淚長流。她走到石神面前，突然伏身跪倒：『對不起，真的對不起，讓你為了我們……為我這種女人……』她的背部劇烈晃動著。」

可惜的是，當影片演到這裡，女主角忽然跪在地上，用濃厚的臺灣腔甩出那句「為什麼」時，全電影院爆出難忍的笑聲。一個在中國上映的電影，竟然是用

5 中國版片名為《嫌疑人X的獻身》，由蘇有朋執導，王凱、張魯一、林心如主演。

6 形容人想像力非常豐富，以至於匪夷所思的地步。

臺灣腔來演繹。

這部電影從整體來看十分用心，也很努力的呈現，只是結尾實在讓我有些不理解。

結尾處，兩個男人在電梯口相遇，石神莫名其妙的問了一句：「難嗎？」對方說：「難，太難了。」

這句臺詞有兩層意思，分別是「四色問題[7]難嗎」和「我給你設的這個局難嗎？」的確，都難。

這個結局很糟糕，而且少了一些衝擊力。因為好的作品一定能使觀眾的情緒得到渲染，它能走進人的靈魂。

讓我們看看原著故事是怎麼寫的：「湯川從石神身後將手放在他雙肩上，石神繼續嘶吼，草薙覺得他彷彿正在嘔出靈魂。」毫無疑問，如果用石神哭著結尾，電影應該能走心得多。

當然，你也可以有自己的看法，只不過這不是我今天要分享的重點。今天要跟你分享的，是一手知識的重要性。

為什麼要透過閱讀獲取一手知識？

我經常在課堂上鼓勵學生看書，我說：「如果你看完一部電影覺得好看，一定要找原著來看，因為原著是一手資訊，劇本經修改後變成了二手，而電影拍攝完就成了三手。」而從一手資訊到二手資訊，總會丟掉一些或者修改一些重要的內容。當然，也有些編劇的能力強，很可能把劇本修改得比原著還好。很多內容，往往因為電影的需要、審查的需要而消失了。而這些內容，往往是一本書的精華。很多文字，是不能被改編成影視的。一本書最精華的內容，能體現出真正的人性。可是我們知道，有些內容，在電影裡消失了。這些知識，更加令人動容，更加走入人心。

所以，想回歸一手知識，就要從電影走向原著，這麼做只是為了能夠對一個

7 即四色理論，指在一張地圖上，雖然有許多邊界劃分，但是只需四個顏色就足以讓各個區域著上不同顏色。

事件、一個故事，有更深刻的了解。我想，這就是讀書的意義。

知識是怎麼被損耗的？

我們存在的世界裡，夾雜著大量資訊，很多都是二手知識，甚至是三手、N手知識，這些知識有些是被損耗的，有些甚至是被曲解的。因為**資訊一旦被傳播，就會面臨著衰減和走樣，甚至出現變形**。

小時候玩過一個遊戲，五個學生站在臺上傳話，不准開口講，只能用肢體去表達紙上單字的意思，基本上到第五個同學時，詞意已經面目全非了。當然，如果允許講話，這個詞或許不會被傳丟，但如果是句子、是段落、是篇章呢？想必準確性就要大打折扣。

我舉一個我們都知道的例子，你可能就明白了。我們都聽過二十一天養成一個習慣，可真的是這樣嗎？

我查閱資料後發現，這種說法實際上來自一九六〇年一個外科整形醫生的書。麥斯威爾．馬爾茲（Maxwell Maltz）醫生發現截肢者平均需要二十一天來習慣失去肢體，於是他說人們平均需要二十一天來適應生活中的重大變故。如果我們在二十一天內每天跑步、晨讀、讀書，其實是很難養成真正的習慣的。

後來，在《歐洲社會心理學期刊》（*European Journal of Social Psychology*）上，研究者調查了不同人的習慣，很多參與者顯示出了練習與養成習慣的關係，研究者發現養成習慣平均達到最大慣性需要六十六天。但因為這個實驗的個體差距比較大，有些是十八天，有些是兩百多天，所以結論並不出名，也沒有實用性，並沒有被人熟知。

再後來，日本作家古川武士在他寫的《堅持，一種可以養成的習慣》中，透過大量的實驗得出，習慣是一種複雜的行為方式。

當我們回歸一手資訊才知道，越往前找資訊，資訊越複雜，越難總結，好在也越精準。

我再舉個例子，你就全明白了，比如我們常說的中年危機。真的有中年危機嗎？中年危機在科學上存在嗎？帶著疑問，我們繼續尋找一手知識，果然發現了不同：

一九六五年，一位名不見經傳的心理學家艾略特・賈克（Elliott Jaques）

在一份當時不起眼的刊物《國際精神分析雜誌》（*The International Journal of Psychoanalysis*）上發表了一篇論文。賈克一直在研究莫札特（Wolfgang Amadeus Mozart）、拉斐爾（Raffaello Sanzio）、但丁（Dante Alighieri）和高更（Paul Gauguin）這些著名藝術家的傳記，他注意到有不少藝術家在三十七歲左右便去世了。

基於這個簡單的事實，再加上一點佛洛伊德理論，和幾個似是而非的案例作為支撐，他創立了一套全新的理論。「在個人發展的過程中，」賈克寫道，「存在一些關鍵的階段，其中最不為人知而又最關鍵的一個階段，發生在三十五歲左右，我把它稱為『中年危機』。」

後來中年危機就傳播開了。你看，我們為什麼要讀書？因為我們要尋求一手知識。大家發現了嗎？中年危機在科學上是不存在的。沒有人說到了中年，人就一定會完蛋，就一定不能重新開始。中年危機的出處其實不過是很多藝術家在三十七歲左右去世了。這就是中年危機的由來。哪裡有什麼中年危機，只有人到中年時的恐懼和擔心。

貼近作者，理解一手資訊

這就是要回歸原著、靜下心來讀書的一個很重要原因：回到書本中，我們能更貼近作者當時的思想，能更理解一手資訊。《躍遷》裡有一個段子，說「二戰」時將軍視察前線，看到一個新兵很緊張，便給了他一塊口香糖。

「好點了嗎？」將軍問。

「好多了。長官，不過這塊口香糖為什麼沒味道？」士兵問。

「因為我嚼過了。」將軍說。

這雖然是個段子，但你看看，有多少人在嚼著別人嚼過的口香糖，卻全然不知？聰明的大學生，一定要第一時間對自己學到的知識進行溯源。

當然，如果你只是對這個話題感興趣，不想浪費時間深入了解，往往擁有二手知識就夠了。它只是一個談資，知道就行，不必深究。但如果你想成為一個不一樣的專家、某個領域出類拔萃的高手，那麼尋求一手知識，是每個人都應該追求的方式和態度。而**書，是追求一手知識最方便的途徑**。

除了書，還有以下幾種方式推薦給你：

第一種，在社群網路平臺，如臉書、微信、抖音[8]搜尋專業領域專家的公眾號[9]、抖音號，閱讀專家的一手資料。

第二種，透過國家圖書館期刊文獻資訊網、Airiti Library 華藝線上圖書館、檢索一手期刊與論文。

第三種，尋找專業領域經典教材，做主題閱讀。

第四種，線上或者線下聽各個領域專家的演講，私下向其請教問題。

希望對你有用。

學校沒教，你該趁早知道的事

1. 資訊一旦被傳播，就會面臨著衰減和走樣，甚至出現變形。
2. 書，是追求一手知識最方便的途徑。

05 Google就好，為什麼要花錢買課程？

資訊不值錢，但知識是有價的。

二〇一五年，應該是知識付費的元年。從那時開始，各種人都開始稱自己為「老師」，什麼人都開始在網路上收錢。

知識該不該付費？我的答案是該。但很多知識，根本不是知識，而是一些人的見解，那全然沒有付費的意義。請你一定要小心這個行業。買到好的課程，如沐春風，整月都會很開心；買到爛課，每天都會很自責。這裡我們一起深入了解

8 一款玩轉音樂創意的短影音 App。

9 微信公眾號類似臉書的粉絲專頁，用作傳播品牌文化和企業資訊。微信公眾號比一般微信個人帳號功能更多。

一下知識付費。

我先講一個故事。一九五二年，有一個來自大巴山農村的孩子，他和其他人一樣，沒有足夠的糧食、沒有接受足夠的教育，可是他特別喜歡讀書，於是他偷偷的把家裡僅存的幾本書拿出來讀，讀完後，還在沙堆裡用木棍抄寫書裡的佳句。他忽然發現，自己不僅喜歡讀書，還喜歡寫東西。

後來他在重慶讀完了中學和專科，就再次回到了大山裡。那時學習無用論盛行於整個村莊，瀰漫在每個地方，可幸運的是，他沒有相信這些東西，他還是在偷偷的學習、認真的讀書、積極的寫字。有一次他寫了一篇文章，向當地的報社投稿。報紙刊登這篇文章後，他被批評得一塌糊塗。許多人認為他這是小資本主義[10]狂熱的前兆。就這樣，他發現寫文章很危險，尤其在當時的環境下，不太適合表達真實的自我。

於是，他轉型練字，不停的臨摹、不斷的努力。後來，他去北京拜訪一些名人，有個人很喜歡他的字，提出幫他出一套字帖，接著《人民日報》、新華社也介入宣傳。就這樣字帖越來越紅，加上他寫得確實好，十年後，中國幾乎人手一本他的字帖。他的版稅有時能到三〇％，完全致富了。他的知識變現了。

這個人叫龐中華。他應該算是知識變現的前輩，他的故事，其實能給我們很多啟示。現在我們一點點來挖。

沒有好的內容，就不可能變現

知識變現的首要條件，就是內容好。如果沒有好內容和拿得出手的東西，哪怕是僅賣一分錢，也不會有人購買；就算購買了，也會被人罵。而所謂**好內容有兩種表現方式：第一，稀缺的優質內容；第二，節省用戶的時間**。

龐中華就是這樣。首先他的字寫得很好，他的字在當時就是稀缺的優質內容。他的字好看，而且很多人認為寫好字對自己有很大的用途。其次他的字帖幫助人們節省了尋找範本的時間。好內容其實就是這樣，要麼提供新的觀點，講出厲害的故事，對用戶的成長有用；要麼能夠節省用戶的時間。

10 資本主義的特徵為由私人提供資本，進行生產，產品透過市場競爭而獲利，利潤則歸私人所有。

比如，我的朋友是個說書人，開了一門課，叫「每天讀本書」。他帶著讀者半小時讀完一本書，收費四・九九元，比買一本書便宜得多。他講出了這本書的精華，降低了大家的時間成本和金錢成本，再加上他表達清楚、觀點有趣，這門課必然能成為優質內容。

所謂好內容，必然具備節省使用者時間和幫助用戶成長的功效。如果沒有，就不是好內容。在這個知識變現的時代裡，許多人想進入讀書會這個領域分一杯羹。可是，當內容不夠優質、不能為用戶節省時間時，它們必然不會長久。

網路戰，其實就是流量之戰

如果仔細讀龐中華的故事，你一定會發現一個細節，龐中華進北京去拜訪的那些人，其中有些人相當於現在KOL（Key Opinion Leader，關鍵意見領袖）。那時他們的一句話就能讓全部的流量和人圍著一個人轉。

而現在，因為網際網路的誕生，傳統媒體的影響力下滑，宣傳管道開始變得五花八門，我們再也不用去找其他人，只需要有自己的流量就好。

網路戰的本質是流量之戰，得流量者得天下。沒有流量，再好的內容也出不來，別總說什麼酒香不怕巷子深。這個時代，再好的酒，放在最深的巷子，不吆喝，也不會有人知道。所以龐中華相當於擁有了一個巨大的流量體，才有了今天。這個動作，在當今的知識變現體系下十分有用。你可以擁有自己的流量，也可以依靠別人的流量。比如「得到」App[11]上的幾個專家，他們本身沒有流量或者流量不多，但是「得到」的流量大，自然就分配給了他們。

於是這個時代的搭配就變得有意思多了：作者負責創作優質內容，而平臺負責提供流量。可是，如果你此時此刻一無所有呢？如果沒有平臺提供你流量，你就自己建造一個平臺，從別人那裡尋找流量，讓自己成為一個小平臺。比如用一個微信號做私域流量，許多營銷號[12]都是這麼做起來的。或者你就找個流量靠山，把內容提供給平臺篩選，讓平臺送流量。總結來說，好的內容，不愁付費。

11 一款中國的知識內容平臺 App。
12 指在網路平臺上，主要以流量或利益為目的，收集特定內容後進行加工，再進行推送的公眾帳號。

知識付費，資訊不付費

最後聊的這點也很重要。美國電影圈有個規則：拍電影時，入鏡的電視上只能出現新聞和天氣預報。美國人認為，新聞和天氣是上帝賜給大家的資訊，這些東西是沒有智慧財產權的。

在中國也一樣，快速的資訊沒有付費價值。比如你點評一則娛樂新聞，一定不會有人付錢去看，但如果你的標題是這則娛樂新聞背後的行銷方式，就把資訊變成了知識。再比如，你講了一個自己的愛情故事是沒有意義的，可是你把背後的道理講出來，總結成「從愛情到婚姻的幾個大坑」，這樣它就從資訊變成了知識。還有你列出一個單純的書單是沒有意義的，但你列出一個專業書單，比如「經濟學必讀的五本書」，這樣的內容，就有意義了。

資訊不值錢，但知識是有價的。能讓人成長的是有價的知識，其他的是沒有價值的資訊。那麼對於你來說，要怎麼在這個快速擴張的領域，做到既學到知識又不被「割韭菜」？

● **認準老師，別管機構**。

這一條很重要，優秀的老師不管去哪個機構，都是給這個機構加分的。機構可以換首席執行官、可以換投資人、可以換「基因」，但老師才是關鍵。好的老師有一套嚴格要求自己的方式，有一套輸出的方式。認準一個老師，上他的課就行。平臺肯定是參差不齊的。

● **好好聽試聽課**。

如果一門課沒有試聽，你千萬不要購買。聽完覺得好，你再去下單。多數虛擬產品，一經賣出，是不退費的。所以，一定要聽試聽課。

● **不要因為焦慮而付費，要因為需要而付費**。

作為一個文科生，你確定要去聽經濟學的課嗎？那為什麼你報名了？是不是因為你看到這個課有十多萬人在上，你害怕落後？很多時候都是這樣，你可能並不需要，但那麼多人在上，你的朋友也在上，你開始焦慮，於是你開始付費。但是到頭來，你發現自己根本就沒興趣，什麼也沒學會，真是得不償失。

總結來說，好的知識是一定要付費的，因為老師替你節省了時間、助教為你提供了服務、班主任陪你成長，你的技能也因此得到提高。大學四年，如果你的學校教學基礎薄弱，線上的知識付費能幫助你很多。在你的收入和零用錢裡，至少應該有二〇%用於自我提升。少吃一頓飯，就能多走很遠的路。

大學四年，善用網路，你也能成為一流的人才。

學校沒教，你該趁早知道的事

1. 好內容有兩種：第一，稀缺的優質內容；第二，節省用戶的時間。
2. 資訊不值錢，但知識是有價的。
3. 不要因為焦慮而付費，要因為需要而付費。

06 不要把「我要學好英語」當作目標

不要把「我要學好英語」當作目標，那只是口號。

每次考完學測，總是幾家歡樂幾家愁，但無論是興奮還是沮喪，結果都無法改變。不要怪別人，要怪就怪你自己沒有努力。

世界上沒有賣後悔藥，過去的成就往往是過去，過去的失利也只代表歷史。在這麼多英語學測解析的資訊中，我忽然想寫一點關於考後你可以做的事情。願這些東西，對你長期有用。

打鐵趁熱，藥不能斷

我們都有過長跑的經歷，長跑時最怕的不是慢，而是站。一旦停了，人就會想休息；一旦離開了，人就會想放鬆。學英語也是一樣，考完試，一定不要停，能堅持晨讀的還是要早起、能堅持讀原著的還是要持續、能每天練聽力的還是要繼續磨耳朵。

英語這項技能，三天不碰，之前學的就可能忘掉了，要再重新開始，就更加痛苦了。想想我們從高中到上大學後的日子，隨著歲月蹉跎，英語竟然奇怪的退步了。

所以，務必打鐵趁熱。尤其是剛剛考過學測的同學，無論這次考得怎麼樣，都要持續學習，別停下來。一旦停下來，人就再也不願意起程了。**堅持一個好習慣不容易，而放棄太簡單。**

持續樹立短期目標

我們為什麼會在考試前的十天半個月，幾乎背了考試需要掌握的所有單字？原因很簡單，因為離目標越接近，目標就越清晰，人就越會全力以赴。時間稀缺，會導致注意力更加集中。就好比你在長跑，雖然筋疲力盡，但看到終點線，你便會義無反顧的爆發出驚人的潛力。

短期目標對一個人的成功有著巨大的影響，因為目標一旦可見，人的奮鬥過程就會變得更加實際。所以，永遠不要把自己的目標設定為「我要學好英語」。這樣的目標是不現實的，因為**沒有細化的目標，那充其量就是口號**。口號只能讓人變得熱血，但是經過三分鐘熱血後，人又變回原來的模樣。

讓我來跟各位分享一些可以在大學四年裡設定的短期目標。

● 多益考試。

多益即 TOEIC，是針對英語非母語的其他國人士所設計的英語能力測驗，測驗分數反映了受測者在國際職場環境中，與他人以英語溝通的熟稔程度。韓國和日本的教育體系，現在已經開始普遍使用這種測試來檢測學生的英語能力了。

（按：臺灣多益測驗是「紙筆測驗」，時間長兩小時，總共有兩百題，全部為單選題，分兩大部分：聽力與閱讀，兩者分開計時。多益證照依考生成績分為五種顏色〔見下頁表 2-1〕，測驗日起兩年內都可申請。在臺灣目前仍有不少大學設有英文畢業門檻，學生畢業前必須取得一定的分數才能畢業。）

▼**表 2-1**　多益成績與英語能力對照表

TOEIC 成績	語言能力	證照顏色
905～990	英語能力十分近似於英語母語人士，能夠流暢有條理表達意見、參與談話，主持英文會議、調和衝突並做出結論，語言使用上即使有瑕疵，亦不會造成理解上的困擾。	金色（860～990）
785～900	可有效的運用英文滿足社交及工作上所需，措辭相當、表達流暢；但在某些情形下，如：面臨緊張壓力、討論話題過於冷僻艱澀時，仍會顯現出語言能力不足的情況。	金色（860～990） 藍色（730～855）
605～780	可以英語進行一般社交場合的談話，能夠應付例行性的業務需求、參加英文會議、聽取大部分要點；但無法流利的以英語發表意見、作辯論，使用的詞彙、句型也以一般常見為主。	藍色（730～855） 綠色（470～725）
405～600	英文文字溝通能力尚可，會話方面稍嫌詞彙不足、語句簡單，但已能掌握少量相關語言，可以從事英語相關程度較低的工作。	綠色（470～725） 棕色（220～465）
255～400	語言能力僅僅侷限在簡單的一般日常生活對話，同時無法做連續性交談，亦無法用英文工作。	棕色（220～465） 橘色（10～215）
10～250	只能以背誦的句子進行問答，而不能自行造句，尚無法將英文當作溝通工具來使用。	橘色（10～215）

資料來源：TOEIC 臺灣區官方網站。

• 口譯考試。

英語口譯圈有一個大家都知道的段子：你想要月薪上萬，成天睡到自然醒，還不用天天工作？那就去考口譯吧。

在中國一場大型的同聲傳譯，價格至少是人民幣三千元起，一個月接三場，收入就破萬了。可是，口譯考試的通過難度很大，尤其是上海市的高級口譯，一個考場往往只有個位數的人能夠通過。（按：目前臺灣常見的口譯收費是以服務時數計價，可分半天價和全天價。半天價多為新臺幣一萬元至一萬兩千元，全天價則多為新臺幣兩萬元至兩萬五千元。若活動時間超時，則可能以每半小時新臺幣兩千元的超時費計價。口譯收費價格亦根據譯者年資、口譯型式有所差異〔見表 2-2〕。）

▼**表 2-2** 中翻英口譯參考報價費用。

年資	初級翻譯（3 年內）	專業翻譯（3-8 年）	資深專業翻譯（8 年以上）
類型	隨行口譯	公司內部會議或研討會逐步口譯	國際會議同步口譯
場次人數	5 ～ 30 人	30 ～ 100 人	100 人以上
雙語司儀	\$3,000 ～ 6,000	\$6,000 ～ 8,000	\$8,000 以上
隨行口譯	\$4,500 ～ 6,000	\$6,000 ～ 8,000	\$8,000 以上

幣別：新臺幣。資料來源：104 職場力。

在中國，有兩個考試的認證性很高：一個是CATTI（China Aptitude Test for Translators and Interpreters），被稱為全國翻譯專業資格（水準）考試，按數字分級；另一個是上海外語口譯證書考試，按級別分級。兩種考試的難度係數都很高，需要長期的準備和奮鬥。

（按：臺灣教育部曾於二〇〇七年舉辦中英文翻譯能力檢定考試，但後來停辦，二〇一三年起改由委託財團法人語言訓練測驗中心舉辦，但二〇一六年後又終止。目前全臺現行規模最大的口譯認證考試為「中英會議口譯聯合專業考試」，但考試缺乏政府背書，報考資格也只限臺灣大學、師範大學、輔仁大學三校口譯組學生，無對外開放。雖然臺灣並不承認對岸的證照，但全球其他國家都承認，因此若有意往歐美國家發展，可試著去中國考看看。）

- **托福、雅思。**

托福、雅思是英語語言能力測試，是「考察母語非英語」的考生在國外學習交流的能力。申請大英國協（Commonwealth of Nations）的研究生項目，需要雅思成績。申請美國的研究專案，需要托福成績。如果自己有出國的計畫，托福和雅思可以報名，好好的準備一下。畢竟，托福、雅思都不像大學聯考一年只有一次，而是一年有很多次機會。只要你準備好，隨時都可以去挑戰。在你準備這種最專業、最本土的考試時，你會發現，你學到的不僅是一門語言，更是一個全新的價值觀和全新的思維模式。

學習一些「沒用」的技能

有人說英語教育最大失敗，就是教出了那麼多考試高手，卻很少教出會說英語的學生。我想是因為我們的考試一直不包括口試，有些地方考試甚至沒有聽力。可是和外國人交流時，最重要的就是聽力、口說了。我曾經採訪過許多畢業生，問他們大學四年最後悔的事是什麼？排名第一的是沒談過戀愛，排名第二的是沒學好英語。

所謂沒有學好英語，其實真正想表達的是沒學好口說能力。因為沒學好口說，所以無法交流；因為無法交流，所以不能領會對方語言的精華，然後找不到樂趣，就更不願意學了。所以，考完試後，也去學習一些「沒用」的技能吧。比如口說、口譯、英美文化、英語演講、英語辯論，這些知識，確實不會考，但在生活中非常實用。

練習口說的最好方式無非是跟讀和重複，一遍遍的來，一個單字一個單字的模仿。這些看起來很費時間，可是堅持跟讀一段時間後，慢慢的會養成習慣，然後愛上這個習慣，受益匪淺。我推薦大家聽以英語播報的官方電臺，非常適合長期模仿。除此之外，建議你去追一部美劇或者英劇。美劇，我推薦《廣告狂人》（*Mad Men*）；英劇，我推薦《黑鏡》（*Black Mirror*）。

做一個終身學習者

為什麼考完試不讓你休息，還寫這麼一篇文章督促你？

我們在高三時或多或少都聽老師說過：「堅持這一年，上了大學後，你們就爽了，什麼也不用學了。」

事實證明呢？聯考中的無數佼佼者，因為在大學四年的荒廢，最終竟然沒有找到理想的工作，甚至沒有任何一技之長來立足。我們也見過不少錄取分數排後段的學生，在大學四年裡找到了方向，持續努力，變成了創業者、企業家或某個行業的高手。有人將其歸因於運氣，真是這樣嗎？不是。只有後者明白，人這一輩子都應該處在學習的狀態，學會終身學習，學會持續的努力。

終身學習的概念，是這幾年才被提出來的。的確，活到老，學到老，才能讓自己看到更廣闊的世界。

這個世界上有很多考試，你參加的不過是你人生中為數不多的一個。人一輩子要參加的考試是有限的，可是，學習是無止境的。做一個終身學習者，每天都要把自己從舒適區裡拖出來，進入學習區。每天學習的人，世界對他們來說是動的。那些「動」著的人，無論年齡多大，他們身上都有一種青春的力量，而這些力量，能夠讓人看到更廣闊的世界。

學校沒教，你該趁早知道的事

1. 沒有細化的目標，那充其量就是口號。
2. 堅持一個好習慣不容易，而放棄太簡單。

07 單字背很多，還是開不了口？

學英語的正確方法——開口、跟讀。

前面說過，我們採訪過許多人在大學四年最後悔的事，高居榜單前幾名的除了沒有談過戀愛，就是沒有學好英語。你沒聽錯，是英語，而且是英語口語。

英語是一門國際語言，學好它，你不僅可以得到更多一手知識，而且有機會打開世界交朋友。最重要的是，這背後隱藏著西方人的思維模式。這種模式，在大學四年能幫你看到更大的世界。

為什麼就是開不了口？

這些年，我們陷入了一個學英語的誤解，導致大多數學生學了十年的英語，卻無法開口說，原因很簡單：第一，沒有口試機制，甚至很多考試連聽力都省了；第二，我們大多數學習英語的方式，對提升口語沒有任何作用。

我曾經去過一所高中，發現每當上英語課，都是老師在黑板上寫東西，學生安靜的記筆記；自習課上，學生們安靜的分析著長難句[13]的語法結構，默誦著單字。我心想，這樣的英語學習對提升口語有用才怪。那到底要怎麼提升自己的英語口語，才能做到熟練的用英語和別人交談？

我們開門見山，正確的方法只有兩個：**第一，開口；第二，跟讀**。

開口就意味著會說錯，可是，說錯的下一步就是改正，只有不停的改正，才會有更大的提升空間。在許多城市和學校裡有很多外國人，你要抓住機會和他們交流。

我曾經遇過一個學生，他看到外國人就像看到外星人一樣，有次開口和外國人聊天，竟然說：「Can you talk（你會說話嗎）？」外國人含著眼淚說：「Yes

13 指英文句子長，要三、四行才看到句點。

（是的）。」

但他已經強過太多不敢開口的學生了。大家之所以不敢開口，是因為害怕犯錯。其實當你和**外國人**交談時，你會發現他們**也經常犯語法錯誤，但是只要意思表達清楚，就能夠進行下一步交流**。

可惜的是，大多數學生在講英語之前，總在思考這個語法是否正確，而沒有思考怎麼表達出這句話。一個外國人曾經告訴我，想要表達出你請我吃飯，你只需要會四個字：you、me、pay、food，而我從你的眼神裡就能猜出，是你請我，還是我請你，渴望的眼神就是你請我，自信的眼神就是我請你。

所以，開口是第一步，別怕犯錯，錯了再改，周而復始，口語能力才能提高。而光開口有用嗎？

我有個同學，他每天早上拿著一本英文書，衝到操場上去朗讀英文，堅持了一年，自己讀錯了都不知道，還繼續堅持，後來他獨創了一門「語言」，全世界除了他，已經沒人知道他說的是什麼了。所以，一定要學會跟讀。

你應該去找一個完美發音的聲音檔，存在手機裡，一個字一個字的跟讀，一句話一句話的模仿。只有模仿和跟讀，才能讓一個人的口語偏向標準。

學習英語的正確時間

說到時間，總有人喜歡在後臺問英語老師：「老師，能不能告訴我快速提高英語口語能力的方法？」這種同學一般會被英語老師拉進黑名單。

英語老師至少要花十多年學好英語，且還不能說完全「解決」，你要他告訴你怎麼快速？市面上大多數告訴你能快速提高英語口語能力的機構，都是騙子，因為**學英語最重要的就是持之以恆**。你今天學了五個小時，明天什麼也不學，那麼今天這五個小時可能就白學了。所以，掌握正確的學習時間很重要。我來跟你分享幾個很重要的時間點。

● **早上。**

早上是練習口語最好的時光，尤其是剛剛起床時，腦子清楚，口齒伶俐，再加上還沒吃早餐，在半飢餓狀態下，腦袋供血充足，跟讀半個小時到一個小時的英語，堅持下來，你就會養成一個習慣，之後想不早起都難。

早上練習有多重要？小的時候，我的爸爸每天早上六點起來給我和姊姊放英語，爸爸稱之為「灌耳音」，我們有兩年都是被這樣的英語吵醒，雖然那時完全聽不懂，但後來我們明白了什麼是正確的發音。

正確的發音像音樂一樣，而我們自己也能解釋為什麼語感比別人好。正確的發音需要你有英語意識，而**早上是培養意識的最好時光**。且早上起來，往往是肚子餓的時候，也是腦子最清楚的時候。一旦吃飽，所有的血液到了胃裡，腦子反而容易一片空白。

● **堅持三個月**。

我曾經要一個同學試過每天早起讀一個小時英語，前半個小時複習昨天讀過、背過的內容，後半個小時跟讀新的課文，每週休息一天，複習前六天的重點內容。三個月後，他開始擁有一口美式發音，雖然一些詞的發音依舊不準確，但至少開口有了進步。三個月的威力是巨大的，因為他不僅有了成效，更喜歡上這種感覺，現在他每天早上都比宿舍的同學早起，找個沒人的角落，開始朗讀。

當然，旁人必然投以質疑的目光。那又怎麼樣呢？每個堅持做一件事情的人，都會被周圍人嘲笑，嘲笑又能怎麼樣？總有一天你會讓他們笑不出來，畢竟，笑到最後才是笑得最甜的。

• 飯前背單字，晚上背單字。

單字毫無疑問是學習英語的重中之重，如果有人告訴你，可以不背單字就通過什麼考試，而且口語會提高很多，那一定是騙子。想讓自己的英文三個月有所突破，首先你要保證每天至少背兩百個單字，看到這裡，你肯定會說：「怎麼可能？你瘋了嗎？這麼多？」放心，兩百個單字，你就算背完，也會忘掉一半，可是你還記得另一半。所以，第二天一定要複習。

背單字，其實什麼時間都可以，但有科學家統計過，背誦最好的時間應該是半飢餓的狀態，還有就是晚上。因為大多數年輕人的狀態是早上睏、中午睏，晚上莫名其妙的有精神了，此時背單字的效果是最好的。

怎麼背單字？先說一個現象。我們有多少同學在背單字時是拿出一張紙，在紙上默默的抄下單字，然後抄好幾遍，再記一下意思就結束了？我們有多少同學聽時打死都聽不懂，但老師把這個字寫在黑板上時他驚奇的發現：嗯？這個字，我背過？我想許多人都是這樣的。

的確，這種背單字的方式，被稱為無用的努力。因為這樣的方法對提升英語口語沒有一點幫助。**在背單字時，你一定要記住**以下幾件事情：**跟讀、意思、**

使用。順序不能錯，先跟讀，再背意思，最後使用，自己造句或者背誦例句。當有機會在生活裡使用這個單字時，想必印象會更加深刻。當你開始背單字才會發現，並不是每個單字都適合用在口語裡，**口語裡的常用單字，往往只是高中水準的詞彙**，高難度的單字，很少用在日常口語中。

換句話說，練好口語需要的詞彙，比你想像的要少很多。那麼，哪些詞彙是口語裡常用的呢？答案是一定要看美劇、英劇和英文電影。

「看了這麼多美劇，劇情是記住了，英語什麼的就別說了。」

這是許多同學看完美劇後的感想。為什麼會這樣？因為我們把看美劇和看電影當成了消遣，沒有當成提升技能的路徑。消遣能提升技能嗎？不能。只有刻意學習和練習才能提升技能，所以美劇和電影只看一遍，是遠遠不夠的。

當你選擇看一集美劇或者一部電影時，第一遍看劇情，看完之後，一定要看第二遍。看第二遍時，你需要不停的按暫停鍵，把詞典放在旁邊，然後一個詞一個詞的查找，把經典語句記在筆記本裡，作為早上跟讀的材料。當然你還可以看第三遍，跟著演員讀。

你肯定會說看三遍多無聊啊！誰告訴你學英語一定是充滿歡樂呢？

最後推薦幾部適合練習口語的美劇、英劇，你們有空多多練習吧。

英劇：初級看《唐頓莊園》（*Downton Abbey*）；中級看《黑鏡》；高級看《新世紀福爾摩斯》（*Sherlock*）。

美劇：初級看《辛普森家庭》；中級看《廣告狂人》；高級看《宅男行不行》（*The Big Bang Theory*）。

學校沒教，你該趁早知道的事

1. 學英語的正確方法——開口、跟讀。
2. 外國人也經常犯語法錯誤，只要意思表達清楚，就能夠進行交流。
3. 怎麼背單字？（先）跟讀、（再背）意思、使用（自己造句或背例句）。

08 要讀書，更要會讀閒書

這個世界上除了有錢的生活姿態，還有更多不一樣的選擇。

在微博上，經常有人發私訊問我一個詭異的問題：有沒有一本書，能夠解決所有問題？

每次遇到這樣的人，我都會被深深的刺激到，就好像一個病入膏肓的人問我：「有沒有大力丸[14]能根治我所有的病？」

其實有，這本書是《新華字典》[15]。按照主持人白岩松的話：「《新華字典》裡有各種字，各種字組成不同的詞，片語組成不同的段落和故事，再組成不同的書。不同的書，才能改變命運。」

其實書不能改變命運，只有書裡的知識變成行動，才能改變命運。接下來，我要好好的跟你分享一下該怎麼讀書、該讀什麼書，以及為什麼要讀書。

為什麼要讀書？

不知道你是否發現，世界正在懲罰不讀書的人。我曾經說過：「讀書能讓人『富裕』，但不一定能變得有錢。」想要有錢，就要去做生意，去把技能變現，去賺錢。

但為什麼這麼窮還要讀書？因為讀書可以讓你知道，**這個世界上除了有錢的生活姿態，還有更多不一樣的選擇**。《春風化雨》裡說醫藥、法律、商業、工程都是高貴的理想，並且是維生的必要條件，但是詩、美、浪漫、愛，這些才是我們生存的原因。

這就是讀書的意義。更何況，誰告訴你，讀書一定不能賺錢？

二〇一六年，中國開始掀起知識變現的浪潮。我身邊的許多人，長期處在讀

---

14 江湖上練武賣藝人推銷的一種藥丸，號稱能強健筋骨、增強氣力。

15 中國一部權威性的小型現代漢語規範字典。

書無用論的薰陶下，可是，當二〇一六年知識變現初露端倪，課程和內容開始值錢，許多人在一夜之間，因為長期讀書、知識儲備多，僅僅透過一門課便實現財務自由。

我曾經問過一位做知識付費業務的朋友，他當時是否想過有今天？他笑著跟我講了個故事：「原本我在一家公司做乙方[16]，按銷售抽成賺錢。我當時讀書的時候，老婆總問我，你讀書有用嗎？還不如多去接幾個單子賺錢。可是現在，她再也不這麼說了。」

的確，他憑藉著自己的知識，在很多平臺開課，無數人圍觀，現在他早已經實現財富自由，真讓人羨慕。但幾年前，他能想像有今天的生活嗎？誰能想像？

每個行業的人都需要讀書，就連打電競遊戲，一個讀過《孫子兵法》的人也比普通玩家的戰績更好。我們讀書時都多多少少聽過一句話：「又看雞湯？讀歷史，你讀得懂嗎？你讀這些有用嗎？」

我們總喜歡去強調是否有用，其實潛臺詞是在說，這東西能不能換成錢。可是，生活中不僅要有用、有趣、有品，還要有夢。不能總是問什麼事情有沒有用。其實活到最後就是會死，那麼活著有用嗎？讀書無用論害了很多人，它還會害一大批人。在這個時代，越早覺醒，越容易脫離固有階級。

其實這個世界的變化很快，在不久的將來，我們不僅會被同行的高手替代，還會被機器、人工智慧替代，只有終身學習、廣泛讀書、擁抱可能、不斷進步，才能不被淘汰。

這些年，我有每天閱讀幾小時的習慣，哪怕當天特別累，心情十分不好。因為只有這幾個小時，我才能脫離複雜、世俗的世界，沉浸在書的海洋，聽到自己的聲音；只有這幾小時，我才充分的感覺到，自己是存在著的。

應該讀什麼書呢？

我在上大學前，老師上課時常會沒收周圍同學的書，說那是「閒書」。有

16 指接受目標的一方，在合約中主要是承諾如何保證對方目標的實現。

一次一位同學被沒收的是莫言寫的《豐乳肥臀》[17]，當時大家都以為他看的是黃書。直到幾年後，我看完了這本「黃書」，才知道那時的大家是無知的。

什麼是閒書？怎麼界定？無從考證。但那個時候，老師為了讓更多人把時間用在聯考上，這麼做無可厚非。可是現在，你走入大學、走進社會，開始慢慢的明白，沒人能夠限制你閱讀了，可是沒人限制，大家反而不讀了。

我上大學時，身邊的一位同學在讀《羅馬帝國衰亡史》（*The History of the Decline and Fall of the Roman Empire*），我曾問過他：「你讀這個幹什麼？有用嗎？」後來有一次一位來自義大利的華人老師來學校訪問，我們一起陪同，他很高興的跟對方聊到了這段歷史，華人老師很喜歡，還給了他一次去義大利訪問的機會，而我像個傻子一樣，呆呆的聽著，然後加了別人的微信，按了幾個讚。那時我想起了一句話：書到用時方恨少。我們永遠無法預測哪本書有用，唯一能做的，就是多準備、廣閱讀。

我的另一個同學上高中時喜歡讀《莊子》，下課就抽時間讀，大家總嘲笑他「裝子」。後來有一次他找工作時，看到老闆桌子上放著一本《莊子》，他就侃侃而談，聊自己的看法，結果跟老闆聊得很高興，最後獲得了一份工作。

這個故事很勵志，說不定接下來有很多人開始讀《莊子》。可是，萬一你遇到的老闆不喜歡莊子，而是喜歡孔子、喜歡老子呢？在年輕時，永遠不要找人列什麼書單，因為書單這玩意，只適合他自己，也別相信誰誰誰給大學生推薦的一百本書這樣的文章。那樣的文章和書單可以當參考，但不要當「聖經」。

在生活裡，你應該廣泛閱讀，只有廣泛閱讀，才能找到屬於自己的書單。如果你一定要我推薦，我會這麼跟你說：

「讀讀心理學吧，因為那是人和人的關聯；

讀讀法律吧，因為那是人和制度的關聯；

讀讀經濟學吧，因為那是人和財務的關聯；

讀讀哲學吧，因為那是人和自己的關聯；

讀讀文學吧，因為那是人和另一個世界的關聯；

讀讀宗教學吧，因為那是人和生命的關聯……。」

---

17 全書主要刻畫一個從抗日戰爭到改革開放後的偉大母親形象。

因為關聯，你才可以成為一個更全面的人、更有內涵的人。

應該怎麼讀書？

我先說兩個錯誤認知，看你有沒有經歷過：一是書要一頁頁的讀，從第一頁讀到最後一頁；二是書要從第一頁開始讀，而且要讀完。

我相信你大概都經歷過，可是，這樣讀書正確嗎？我想說，如果你讀的是小說或者詩篇，這麼讀是對的。小說就應該讀得慢，要欣賞、要細緻、要品味、要一頁頁的讀。可是如果你讀的是工具書，這麼讀，就大錯特錯了。

讀工具書之前應該合上書，靜靜思考一件事：這本書，能給我帶來什麼？

讀書是一個自己跟作者過招的過程，作者對某個內容有著更有系統的看法，而你的看法是什麼呢？你需要比對、需要思考、需要琢磨，然後有了自己的看法和疑問，再打開書。這樣的閱讀，事半功倍。

那麼接下來，從第一頁開始讀嗎？當然不是。

首先，應該看看封面、序言和目錄，然後從你覺得最重要和你最需要的部分開始讀。這樣帶著目的看，效果是最好的，內容也最能走進內心。接下來，想必你已經在最短的時間裡，大致知道這本書在講什麼了。然後，根據自己的方式和需要，選擇重要的段落一點點的讀，或者有選擇性的跳讀。這個過程很痛苦，但一定有收穫。

現在，我想你知道那些一年讀幾百本書的人是怎麼讀書了吧？他們沒有一個字一個字的讀，也沒有一頁頁的看，而是清楚的知道自己要什麼，自然就讀得很快了。

也許有人心裡會納悶，讀得快會不會品質不高？我想告訴你的是，讀得很慢，才品質不高。

我們都有過一本書讀三十天的經歷，讀到後面而忘掉前面的內容，這樣讀書，本身就是無效的。好的作品，就應該花一個下午從頭到尾不間斷的讀一大半，比如《活著》、《我不是潘金蓮》。你可以找個咖啡廳、一個安靜的角落，很快的看完，而你也不會覺得自己的注意力不集中。相反，你一天看一點，看了一個月，才是無效的閱讀。

最後，**讀一本書，一定不要超過七天，讀時要做筆記。**

讀書的後續工作

第一遍讀完，想必你的書上已經寫滿了筆記，接下來，你一定要準備第二遍閱讀。第二遍閱讀往往比第一遍閱讀更有用處，這才是真正有效的閱讀。

其實，在不同年齡讀同一本書，甚至同一篇文章，感受遠遠不同。比如小時候讀魯迅的文章，只知道去背誦，現在再讀魯迅，開始明白：每個時代都有人血饅頭[18]，祥林嫂[19]招人煩，阿Q[20]存在於世界的每個角落，孔乙己[21]的悲哀是每個年代的寫照，而每個年代，都有自己不認識的閏土[22]和回不去的故鄉。

讀完一本書後，我建議你寫讀書筆記，哪怕只有幾行字，發在朋友圈群組或者放在微博裡。這樣做的原因，是看看你到底吸收了多少知識、能寫出多少話，以及對自己的狀態有多少改變和幫助。寫讀書筆記是一個內化的過程，你可以在寫讀書筆記的過程裡慢慢理解，這本書讀懂了多少。這就是讀書的好處，讀一、兩本，你很難看出自己的變化，當書讀多了，你開始活學活用，它們開始融入你的血液，精進成行動，書也就起作用了。

物理學家愛因斯坦（Albert Einstein）說過：「當你把學校給你的所有東西忘

記以後，剩下的就是教育。」讀書也是一樣，**當你讀完一本書，拋去忘記的，剩下能改變行動的，就是知識的力量**。

我想，這就是讀書的全部意義。

18 出自近代作家魯迅所寫的短篇小說《藥》，小說描寫了革命者流血犧牲而不獲群眾理解，他們的鮮血反被無知迷信的人做成「人血饅頭」，去醫治癆病。

19 魯迅筆下的一個悲劇人物，她愛抱怨，反覆訴說自己的悲慘故事，一開始鎮上的人們還會同情她，後來聽她反覆抱怨，大家都感覺厭煩。

20 《阿Q正傳》是魯迅小說的代表作，以辛亥革命前後的農村未莊為背景，塑造了阿Q這個不朽的流浪僱農的典型形象。

21 孔乙己是一個思想僵化的讀書人，身處在新舊文化交替的時代，既沒能考取秀才，又不肯踏實營生，終至無法適應時局變化而窮途潦倒的悲慘際遇。

22 魯迅創作的短篇小說《故鄉》中的人物。閏土是貧苦農民，童年時活潑、善良、真誠，因為半殖民半封建社會統治階層的壓迫，成年後貧困潦倒，麻木、卑微、木訥。

學校沒教，你該趁早知道的事

1. 讀書能讓人「富裕」，但不一定能變得有錢。
2. 讀書能讓人知道，這個世界上除了有錢的生活姿態，還有更多不一樣的選擇。
3. 書單可以當參考，但不要當「聖經」，你應該廣泛閱讀，才能找到屬於自己的書單。

第三章

向上成長，活出漸強人生

01 在二流大學裡成為一流人才

如果學校沒有辦法提供給你想要的環境，你就去創造一個。

在社群中學生們問得最多的一類問題，通常是這麼開頭的：我的學校不好、我是一個來自後段學校的學生……我該怎麼辦？

我不知道怎麼回答，因為我不覺得來自一所二流學校的人，就應該過著二流的生活。我見過太多來自普通院校，甚至專科院校的小夥伴在職場做得非常好，他們不覺得那一次考試，就決定了終生。

很多頂大的學生，在畢業幾年後還標榜自己的大學學歷，著實悲哀。我就見過好幾個人，畢業十年了還在整天標榜「我是北大〇〇〇」，連微信名字都改成了北大〇〇〇。畢業十年了，還在標榜之前的一次考試，這期間沒有任何可以吹噓的成績，實在是挺悲哀的。

你只代表你自己，你畢業的學校再厲害，跟你有啥關係？同理，你畢業的學校再爛，跟你又有啥關係？

我有一次看媒體對《我不是藥神》導演文牧野的專訪，才知道他大學聯考考兩百九十分，去了一所後段學校。可是大學畢業後，他依舊找到了自己的賽道。

某天上網，我看到一句話：二流學校，這幾個字就像枷鎖，把人鎖在二流社會和二流人生這麼一個怪圈裡。但真的是這樣嗎？這個圈真的不能解開嗎？

還是說回心理學上那個非常著名的實驗，當你手上拿了一杯水，接下來你想做什麼？還記得答案嗎？答案是，你想幹什麼，就幹什麼。你要去做自己喜歡的事，和那杯水無關。

人不能因為手裡有了一杯水，就放棄了自己真正喜歡的事情。這杯水很可能還不是純淨水，甚至是苦澀的、被汙染的。而你呢，為了不丟掉這杯水，故步自封、躡手躡腳，過著二流的生活。

其實你大可把這杯水丟掉，或者放在一邊，接下來，你會發現世界很大，能做的事有很多。輕裝上陣，永遠比提著大包小包走得遠。誰能因為一杯水，毀掉自己的一生？

你可以讀二流大學，但不能過二流人生

我想你看懂我在說什麼了，**你可以上二流大學，但是，不能過二流生活。**二流學校怎麼了？大學學歷只能證明聯考的分數，表示高中三年的成績，那都是過去。而大學，又是一個新的起點，你依舊可以捲土重來，回身再戰。

我想你肯定要抱怨，比如學校提供的資源太少，學校老師講得太差，學校連比賽、考試都不經常舉辦，舉行的講座請不到什麼名人，圖書館裡都是老書，反正學校什麼都沒有，你要我怎麼背水一戰？

但你忘記了，**所有優秀的人都具備一個特點——主動。**他們不會坐以待斃，更不會讓這樣的環境影響自己，他們有著堅定的信念，相信可以透過努力改變現狀，更可以改變自己的生活。

每一個大學生都應該在迷茫時閱讀這一本書——《做自己的生命設計師》（*Designing Your Life*），書裡有一個你可能終身受用的思維模型——用設計思維去設計人生。如果不去設計自己的人生，所謂的命運就可能降臨到你身上，到頭來，你根本招架不住這生命之輕。

我想讀到這裡，你可能會說：「你就是讀不到頂大學校，吃不到葡萄說葡萄酸吧？」

我大學讀的是軍校，資源一般、管理僵化，還沒有女生。四年裡，我基本學不到什麼東西，生活可以一眼望到頭。但好在，我沒有坐以待斃。

學校不代辦報名央視的英語演講比賽，尤其是要上電視、需要外出的。學校怕人員外出不方便管理，上級怕擔責，認為多一事不如少一事，就乾脆不辦了。

我記得當時是冬天，北京下了很大的雪，那天中午，我偶然在網路上看到全國英語演講比賽在宣傳報名，截止日期是兩天後。我打電話給我的英語老師問學校是否組隊比賽，她說：「這個比賽，我們不組隊。你要報，就自己報吧。」

那時軍校平時不能請假外出，我就找了一個好朋友幫我報名，需要學生證影本和一百元報名費。我算了一下時間，一天就能送到，於是我很快的把資料寄過去，還在信封裡夾了一百元。不過，我當時不知道信封裡不能放錢，也不知道要寄掛號。信就這麼寄丟了。

後來接近報名截止日期，信還是沒到，我打給郵局，卻遲遲沒有回應。眼看快來不及了，我無奈裝病，請病假去報名。我趕上了初賽報名的最後一天。後來一路參賽，從初賽、複賽到半決賽，到北京賽區冠軍，再到全國季軍，這一系列比賽徹徹底底的改變了我的命運。直到今天，我依舊感謝那個下著大雪的中午，還有倔強固執的自己，感謝那個信雖然丟了，但裝病請假外出報名的自己。那時倔強的自己，為今後的我，創造了一個世界。

在二流學校，搭建一流人生

我當老師的幾年裡，見到了許多來自中段、後段學校的學生，有些人的英語成績比頂大學校的學生還高。後來一問，原因很簡單：他們丟掉了手中的杯子，去找了一個桶子，然後把桶子越裝越滿。

我分享一個故事。

我們團隊中的小怡，自學能力超強，我交代給她做的事，很多都是她第一次或者第二次做，她看我做了一次就能迅速學會。有一段時間，我要她做微信文章排版，她也做得非常好，後來我問她：「是不是有老師教妳啊？」

她說：「沒有，我就是自己研究，我上大學時就喜歡研究。」

其實她畢業於成都的一所普通大學，大學四年，她參加各種實習、蹭各個地方的講座，甚至找外校同學要別的老師的課表，去外校旁聽，還自創社團。

她給自己搭建了一個世界。

你可以抱怨學校不好，但如果你將青春全部放在抱怨和自暴自棄上，那你可就真的只配擁有二流生活了。這些人的經歷讓我明白一個很有啟示的道理：如果學校沒有辦法提供給你想要的環境，你為什麼不用雙手去創造一個呢？

二〇二一年，我們突然發現一個事實：在短影音這個剛剛興起又充滿活力的賽道，先「殺」進來的幾乎全是中、後段大學的學生。我們當時搭建短影音團隊時，大都是來自中、後段大學，甚至專科的學校，以至於人力資源師在年底總結時開玩笑說，我們是一個平均大學、研究生學歷的公司，除了短影音團隊學歷低，就剩老闆高中學歷了。

在新的賽道裡，為什麼中、後段大學的學生多？答案很簡單：頂大的學生都在「大廠」，一個蘿蔔一個坑，他們根本看不上短影音這個賽道，這給了那些中、後段大學的學生許多機會。

新的領域沒有專家、沒有權威，甚至沒有規則，誰學得快，誰就在裡面賺得多、地位高。投履歷給我們的，每個人都參與過百萬級別帳號的製作和操盤。他們有什麼優勢呢？

答案只有一個——自學能力快。雖然起點低，但是他們終身學習，跨領域的學習能力就是比別人強。所以，如果你是普通大學出來的學生，我想跟你分享幾條見解。

- **自己學校的老師差，為什麼不去別的學校蹭課？**

很多學校都會開設非常棒的公開課，歡迎各系的學生去參加，你完全可以跑去聽，無非是需要早起，或犧牲午覺。還是那句話，感謝網路發達，很多公開課在網路上有免費版本，哪怕有些要收點錢，也不貴，差不多是吃頓火鍋的價格。

網路興起後，有越來越多的好課，越來越方便的傳遞到你的面前，你不用占位置，在自習室就可以聽。你需要做的，只不過是收集一些這樣的資訊，關注幾個帳號，下載幾個App。

- **宿舍同學都在打電動，可是你為什麼非要在這方面合群？**

我曾經寫過一篇文章叫〈你以為你在合群，其實你在浪費青春〉，在文章裡談過英雄永遠是孤獨的，只有小嘍囉才會湊在一起，二八定律適用於每一個角落。別人打電動、談戀愛、追韓劇，跟你有什麼關係？**人要有自己的目標，才不會被別人影響**。寢室是墮落的開端，總待在寢室裡，尤其是離床近的地方，再給你一個網路，基本上只需要一學期就能廢掉。

越是在一般的院校，這種人越是不少，甚至可能到處都是。茫然導致頹廢，頹廢導致更茫然。要知道，多數室友很難發展成朋友，朋友是陪你共同進步的。這樣的人，你要去找。

你無法選擇室友，但你能選擇朋友。志同道合不容易，高山流水需尋覓。如果你抱怨身邊沒有志同道合的人，那你就出去找，去各種社團參加活動、去各種比賽結識戰友、去各種講座偶遇知音。你還可以參加一些優質的社團，跟他們一起鍛鍊、讀書打卡，利用網路，連結一群優秀的人。

那些不合群的人，千萬別覺得自己孤單，不喜歡的環境就「閃」，去找自己喜歡的環境。這四年，你要去體會各種生活、聽許多老師的課、讀各式各樣的書。你要想宅著，畢業後可以使勁宅，這四年太寶貴，要去拚、去愛、去後悔。

不要跟我說在宿舍裡也能好好學習。別天真了，舒適的宿舍，配臺空調，再來個網路，放點音樂，再穿雙拖鞋，接下來就只能睡覺了。

- **如果學校不給你設立目標，你就給自己設立目標。**

大學生活，最可怕的就是沒有目標。沒有短期目標，人走著走著，就迷茫了。許多馬拉松運動員從來不認為自己跑了四十多公里，他們都認為自己跑了四十多個一公里。每一公里，都是一個短期目標。

很多學校，除了期末考試，幾乎不給學生設立目標。後來我也明白了，都到大學了，為什麼還要學校給你設立目標？人有目標是幸福的。當目標被實現時，或階段性目標被實現時，是一件令人感到非常幸福的事情。

幸福，源於緊張感的釋放。而追尋目標的緊張感，能讓人逐步提升，變成更好的自己。所以，在每次開學時，你要給自己設立幾個目標，比如這學期要考多益、考過導遊證、期末考試都及格……。

在大二時，你就要想好考哪個學校的研究所，以及怎麼考，每天需要做什麼準備？有沒有去那個學校逛過？有沒有人認識那裡的老師？有沒有提前報補習班？有沒有提前想過考公務員？增加實習經歷？從零開始學一門外語？參加一場國家級別的考試或競賽？

當提前布局、目標明確，自己也就多了許多動力去努力了。其他人在做什麼，跟自己有關嗎？

其實畢業很久後，你會發現這些證書沒什麼大用，不過是你的敲門磚，和你的學歷一樣。可是，在你準備這些考試的路上，因為有短期目標，能力才得以提升。從學生變成專家，再變成大師，這一個個小目標，還真的挺有用。

人的一生很長，笑到最後的，才是笑得最甜的。無論你在哪裡讀書，無論你有多麼不滿意自己的學校、多麼不喜歡自己的科系，只要你一直努力，肯放下那杯水去努力，總有一天，別人會不再問你是哪個學校畢業的，因為你已經強大到有更權威的標籤貼在自己身上。這個標籤，足夠掩蓋你不被人看好的學歷，和高中三年並不得意的結果。

我們都知道要去追求自己喜歡的生活，可是，如果生活奪走了自己想要的，為什麼不用自己的雙手搭建一個呢？

你可以讀二流的學校，但你要立志成為一流的人才。

學校沒教，你該趁早知道的事

1. 如果學校沒有辦法提供給你想要的環境，你就去創造一個。
2. 人要有自己的目標，才不會被別人影響。
3. 人的一生很長，笑到最後的，才是笑得最甜的。
4. 你可以讀二流的學校，但你要立志成為一流的人才。

02 專才和通才，哪個才是未來？

在安全的職業環境中，一定要居安思危，只有居安思危，有了一技之長去尋找另一技之長，這樣不停進步，才不會被淘汰。

我先給出答案，這個時代需要的是通才。

我曾看過一段話：「當你在職場裡不知道這個人是讀什麼科系時，說明這個人的跨界能力很強，因為他經常在解決問題時跨越各種專業的邊界，這需要很多領域的專業知識才能做到。而這個人就是我們所說的通才。」

這段話來自美國作家大衛・艾波斯坦（David Epstein）的書——《跨能致勝》（*Range*）。

這個時代並不需要一個人在某個領域扎得非常深，需要的是這個人有跨領域、跨界的能力。在這個時代，所有跨界跨得特別好的人，都獲得了其他人沒有辦法獲得的優勢、成果跟成就。

學醫的同學應該深有體會。在醫學院學習時，你會發現其實什麼醫學技能都要會。但是醫療需要術業有專攻，比方說你是腫瘤學家，你不僅要關注腫瘤現象，更要去關注某一個細分領域的腫瘤。其實在讀大學時醫生什麼都學過，所以阿圖・葛文德（Atul Gawande），就是我們特別喜歡的那位既是作家，又是醫生的人，開玩笑說他們開始把自己稱為「左耳外科醫生」。

其實這也是大學分科的弊端。大學採用這樣的方式，本質上是想讓人們深耕於某個領域，但隨著人們走入社會，他們發現自己離專業越來越近，同時離通才越來越遠。

對我們來說，更需要在大學四年做到以下兩項：

第一，什麼都應該學。

第二，成為斜槓青年。

三腳架最穩，這是誰都知道的事情。如果砍掉一個腳架，只有兩個腳架的設備就有些晃動了；如果只剩一個腳架，設備上的機器就岌岌可危了。我之所以想跟各位聊聊斜槓青年養成記，只是為了讓我們能在這個世界立足的更好。

二〇一〇年，我剛開始當老師，遇到了一位老教師，他跟我講了一段話，讓我印象很深：**「在安全的職業環境中，一定要居安思危，只有居安思危，有了一技之長去尋找另一技之長，這樣不停進步，才不會被淘汰。」**

因為這位老師的這段話，我變成了現在的斜槓青年。只是那時，沒有斜槓青年這個概念。而現在，身邊有很多斜槓青年的影子。到底什麼才是斜槓青年？兼具青年導演、編劇、作家的身分，這樣的人算嗎？如果算，那麼外送員、專車司機、保母的組合算嗎？或者，流浪歌手、旅行達人、終身學習者的組合算嗎？

到底什麼是斜槓青年？

我翻了翻資料，找到了有關斜槓青年的一手資訊：斜槓青年是一個新概念，源於英文「slash」，出自《紐約時報》（*The New York Times*）專欄作家瑪希・艾波赫（Marci Alboher）撰寫的書——《不能只打一份工》（*One Person/Multiple Careers*）。她說越來越多的年輕人不再滿足於「專一職業」的生活方式，而是選擇能夠擁有多重職業和身分的多元生活，而實現的方式之一就是成為完全的自由職業者，依靠不同的技能獲得收入。比如一個人有份朝九晚五的工作，而在工作之餘，他會利用才藝優勢做一些自己喜歡的事，並獲得額外的收入。

我不懂為什麼 slash 一定要翻譯成斜槓青年，難道不能翻譯成斜槓中年、斜槓老年嗎？但我也弄明白了，靠不同技能獲得收入才是結果，也就是說，**沒有收入，不能叫斜槓**。

所以，上面三個例子裡，前兩組是斜槓青年，而第三組（流浪歌手、旅行達人、終身學習者）不是，因為那三個所謂的職業都不能獲得收入。

成為斜槓青年的三種方式

我建議每位朋友都嘗試一下做斜槓青年，試一下用各個不同的技能實現財富生活的可能，原因很簡單：我們或多或少有一些工作外的時間被浪費了，如果這些時間被利用好，鑽研出第二職業，結果可能十分不同。而在網際網路的世界裡，第二職業往往比第一職業賺錢。

我分享三種成為斜槓青年的方式。

● **穩定的工作＋興趣愛好。**

法醫秦明就是這麼一個人，他的主業是政府公職人員，他是一名優秀的法醫。長期在一線奮鬥，見證無數生死後，他忽然想把這些案例寫下來，於是他把這些故事記錄在紙上，後來有出版社找他出書，這才有了紅遍大江南北的「法醫秦明」系列。我曾經寫過一篇文章叫〈工作後的生活，可能決定了你一生〉，文章裡說到**聰明的人一定不會被穩定的工作逼瘋，而是利用穩定的工作保證溫飽，利用下班時間鑽研興趣愛好，讓它變成自己的第二職業。**

● **左右腦的切換。**

人的大腦有明確的分工，雖然很複雜，但總結來說，左腦主要負責抽象和理性，右腦主要負責藝術與感性。由此，我們看到很多可以進行技能搭配的方式。比如和我一起寫歌的徐哥，他不僅是個作曲高手，而且是個作詞人，他寫的詞像詩。這麼看，他的神奇之處不過是利用了左右腦的搭配。同理，你可以是個數學家，同時苦修繪畫；你可以是個作者，同時用休息時間學琴。

有一次晚上簽售會時，我頭疼欲裂，因為連續兩天都有兩場活動、四節課，還要寫一篇專欄、鑽研一個電影劇本。所以晚上我痛苦的捂著頭，沒法上場。我的助理買了止痛藥給我，我看了半天，最終還是沒吃。晚上，我找了個最近的健身房狠狠的跑了五公里，大汗淋漓後，頭痛莫名其妙的好了。我忽然明白，我是用腦過度，而大腦是可以和身體切換的，這樣的放鬆比單純睡覺有效多了。

後來，我想起了我的健身教練，他還是一個高中化學老師，我終於明白，其實他是透過大腦和身體的切換來實現斜槓。這樣的切換，也是一種成為斜槓青年的方式。

● **成為一個輸出者**。

我的另一個好朋友——之前提到的臺灣作家火星爺爺，他不僅是位暢銷書作家，還是TED演講者，他的影片〈向沒有借東西〉在全球的點擊量破百萬。他還是一位老師，在臺灣教孩子們創意，教他們如何講出厲害的故事。

我第一次見到火星爺爺時感到很詫異，問他怎麼能做這麼多事情，他笑著說：「這不都是輸出嗎？」

的確，當你有了一定的知識儲備，你只需要透過不同的方式表達出來，說出來就是演講家、寫出來就是作者、拍出來就是導演。其實方式不重要，重要的是你有知識。這是核心，其他的只是方式。

我從軍校退學後，有無數人問過我：我也不喜歡公務員的生活，應該怎麼做？要跳出來嗎？錢鍾書的《圍城》裡說過圍城很有趣，裡面的人想出來，外面的人想進去。可是錢鍾書老先生怎麼都沒想到，這些「圍牆」竟被網路打通了。

的確，**當你不喜歡現在的工作，不用著急打破現狀，強行進入一個新領域。你可以兩者兼顧、兩者並行**，唯一需要的，只是犧牲一點點休息時間。當然，如果你喜歡現在的工作，也可以將現有技能進行引申。比如我，就是喜歡講話，又將講話的方式變成了電影鏡頭。

除了衍生技能，你不覺得成為斜槓青年是這個時代最安全的生存方式嗎？這個時代的變化超乎我們每個人的想像，世界上唯一不變的就是改變本身。既然如此，兩條腿走路，一定比一條腿走得穩，三條腿的三腳架也一定比兩條腿的屏風更穩當。多一條腿走路，其實是更穩定的方式。

給斜槓青年的三個建議

如果決定了要往斜槓青年的方向發展，我想跟你分享三個建議。

第一個建議：選擇斜槓時，問問自己是否喜歡，問問市場是否需要。

這麼選擇，往往會事半功倍。做不喜歡的事，每一分鐘都是煎熬。可是如果你喜歡打電動、喜歡看韓劇呢？那就把遊戲打成競技水準，把韓劇看成導演角度，把自己的愛好變成謀生的方式。所以，在你決定進入一個行業時，一定要問問自己內心是否喜歡這樣的生活狀態。除此之外，你還要考慮自己的這項技能是不是市場需要的。如果是，順著時代的大流，你也能借到力。

最重要的是，每做一件事情，都要全力以赴，到了盡頭再更換。不要做兩個月就換其他職業，那種才不是斜槓，而是詐胡。

第二個建議：成為斜槓青年時，建議你收費。其實付費並不為賺多少錢，而是看看有多少人認同你的這項技能。畢竟，認同你技能的最好方式就是為你的勞動成果付費。

我之前開了一門課叫「重塑思維的三十講」，好多粉絲跟我說：「我這麼愛你，你竟然要求付費！」

我說：「你只是愛免費的文字。」

有人說：「不，我愛的就是你，所以你要免費。」

我說：「那我還愛王石[1]呢，他怎麼沒給我一棟房子啊？」

反著說，如果你覺得自己的這項技能足夠強了，放到市場去檢驗一下，如果有人願意付費，就是最好的證明。

第三個建議：想要斜槓時，建議你去混圈子[2]**，外行看熱鬧，內行懂門道。**

我經常跟很多同學說，不要在最該學習的年紀裡混圈子，因為你以後會有大量的時間混圈子、維持關係。被圈子接納，是你進入這個圈子的重要標誌。

有則新聞說有一位老師在一個小時賺了八萬多元，很多路人被這則新聞刺激到了，評論說老師賺了多少錢到底應該還是不應該，可是內部圈子裡大家的評論只有三個字——為什麼？

的確，在網際網路時代，最厲害的老師，是否值這個價？圈子裡的思考是：我們怎樣才能請到這位老師？這個事件給我們的啟發是什麼？他為什麼能賺那麼

1 中國地產教父，萬科集團創始人兼董事會名譽主席，深石收購企業有限公司創始人，及董事會主席。
2 積極社交，積極融入某個群體。

多錢？圈子外只是在想：憑什麼？

剛進入一個行業應該做什麼事？

最後，我們聊聊剛進入一個行業應該做什麼事。

科學家曾經做過一個實驗：把一隻蜜蜂和一隻蒼蠅同時放在燈罩裡，看誰先飛出來。答案是蒼蠅。因為蒼蠅亂飛，總能找到出口，而蜜蜂只會朝著光亮飛。如果光亮對準了出口，牠就飛出去了；可如果光亮沒有對準出口，牠就一輩子出不來。這就是我們每個人在剛進入一個行業應該做的事情：**當一隻蒼蠅，悶頭亂撞，總能找到出口。找到方向後，你就應該從蒼蠅變成蜜蜂，一直拚命飛，努力朝著某個方向飛，成為該領域的專家。**

我的理解是，在一個行業裡一年左右，一個人就可以從蒼蠅變成蜜蜂了。但這因人而異，不僅要看人的悟性，還要看一個人的學習能力。當你經歷過好幾次從蒼蠅變成蜜蜂時，你就是一個徹徹底底的通才了。

未來的世界，需要的就是這樣的通才，願你就是這樣的少數人。

學校沒教，你該趁早知道的事

1. 在安全的職業環境中，一定要居安思危，只有居安思危，有了一技之長去尋找另一技之長，這樣不停進步，才不會被淘汰。
2. 沒有收入，不能叫斜槓。
3. 聰明的人利用穩定的工作保證溫飽，利用下班時間鑽研興趣愛好，讓它變成自己的第二職業。

03 跨界成長的祕訣——先當蒼蠅再變蜜蜂

剛進入一個行業，像沒頭蒼蠅悶頭亂撞很正常，因為你還不知道光在哪。找到方向後，你就應該從蒼蠅變蜜蜂，拚命飛，努力成為該領域的專家。

我在前文說過蒼蠅和蜜蜂的區別。剛進入一個行業，像沒頭蒼蠅一樣很正常，因為你還不知道光在哪。等到第一年的迷茫期過去以後，你找到了光，再從蒼蠅變成蜜蜂，朝著光亮飛翔。

如果你想轉行、想跨界、想換科系，這篇文章，建議你好好讀。因為所有技能的獲得，無非就是靠以下五種方式：利用讀書獲取入門知識；利用零碎時間獲得碎片訊息；在網路上尋找公開課和付費課程；找專家、混圈子得到內部消息，以及持之以恆的訓練。

利用讀書獲取入門知識

剛開始創業時，投資人要我學習一點經濟學知識，告訴我不能對商業和經濟一無所知，要不然很難從一個知識分子轉型成一位創業者。從二〇一五年起，我就養成了讀經濟學書籍的習慣。我買了亞當．史斯密（Adam Smith）的《國富論》（*The wealth of nations*），買了N．格里高利．曼昆（N. Gregory Mankiw）的《經濟學原理》（*Principles of Economics*），買了馬克思的《資本論》。可惜的是，我根本看不下去，有些甚至「啃」得十分痛苦。

於是，我找到一位經濟學老師，請他幫我列一張書單，他說：「要不你先從這些書開始看，《匱乏經濟學》（*Scarcity*）、《經濟自然學》（*The Economic Naturalist*）、《零基礎也不怕，史丹佛給你最好懂的經濟學》（*The Instant Economist*）、《蘋果橘子經濟學》（*Freakonomics*）……。」

看到書單，我立刻問老師：「這些不都是暢銷書嗎？」

老師笑了笑說：「暢銷書怎麼了？暢銷書就是每個人都能看懂的理論。你現在什麼也不懂，不應該從大眾容易接受的知識開始嗎？」

這句話給了我很深刻的啟發。後來我每進入一個新領域，都會**先購買這個領域的暢銷書，獲得通俗的知識，然後再買枯燥的課本去補充和糾正**。有時也會買錯，因為不可能每本書都寫得有水準，但一本書的成本也沒多少，並不高。這些書，在很大程度上幫助了一個剛進新領域的小白。

我在學習編劇時，也是一樣，先在書店裡搜尋「編劇」兩個字，把市面上的編劇教材都買回來，並迅速讀完，這一步就能讓我對編劇有概念，使我從小兵升級為一級英雄。

利用零碎時間獲得碎片資訊

其實利用零碎時間，也可以進行學習。

不知道你是否發現，我們的生活中有大量零碎時間：等公車時、在捷運上時、塞車時、早起收拾時、無聊會議中……可惜這些時間，往往被我們浪費了。

可是，我發現身邊有些高手不一樣，他們選擇利用這些空檔提高自己，而不是消磨自己。比如他們走路時，耳朵上戴著耳機，播放的是下載好的課；等人時，包包裡一定會裝本書，在空檔翻兩頁。這些時間累積起來，半年後，往往能幫助你獲得另一專長。

我曾經寫過一篇文章叫〈下班後的生活，決定了人的一生〉，不僅是下班後，午休時、等人時、公車上、睡覺前，都可以累積一些知識，為以後轉型做好準備，而且一旦養成習慣，並堅持下來，你會受益匪淺。

在網路上尋找公開課和付費課程

除了讀書，更重要的就是上課。你要知道所有的高手，都有自己的老師，都曾經經歷過系統性的訓練。

我從軍校退學後，一直住在中國人民大學旁。當時我找人大的朋友要了一張課表，課表上是人大「四大名嘴」的一學期課程。我每次都偷偷溜進去聽他們講課，還提早占位置。有時候去晚了，我就站在最後一排聽。

這幾位老師分別是張鳴、周孝正、徐之明和金正昆。後來，這四位老師的課程可以在網路上找到了，而且是高清版。我時常會抽一個下午，在網路上搜尋這些老師的課程和講座，拿一張紙、一支筆，享受一場知識盛宴。直到今天，我時常會感嘆，時代真是越來越好，現在有許多課程，你都不用親臨現場，就可以在網路上用很低的價格甚至免費聽到。你唯一需要做的，就是去搜尋、去收集。一定要在大學四年學會利用網際網路、社群、線上的方式進行學習。

找專家、混圈子得到內部消息

當你有了系統的知識，就可以從事相關工作了。我的建議是，當你進入一個新領域時，一定要嘗試收費，一定要嘗試混圈子。收費代表著客戶、外人對你的認可，進入圈子代表內部人士對你的認同。

遇到所謂的突發新聞時，你會驚奇的發現，社群平臺上和圈子裡的留言趨勢完全不同。為什麼呢？因為微博只是個公眾平臺，大家都以外行的眼光看熱鬧，而圈子不一樣，這裡都是內行的人。圈內的人從不看熱鬧，大家只會分析現象、剖析本質。我自己有加入好幾個圈子，其中一個圈子就是網路行銷圈。

這個圈子的朋友大都經營微信大號[3]，是百萬粉絲級別的公眾號主理人。每次一件事情被爆料時，我就看到群裡大家在討論：這個話題是怎麼熱起來的？我們怎麼把商業和這個現象結合？我們應該如何蹭這個熱點……而微博上呢，大家只是在譴責，說那人道德敗壞。

當你進入一個新領域時，一定要混圈子，圈子代表著你在這個領域的資深程度，也代表著你看世界的不同角度。美國商業哲學家吉米・羅恩（Jim Rohn）說過：**「與你交往最親密的五個朋友，你的財富、智慧就是他們的平均值。」**這就是著名的密友五次元理論。因為他們的資訊、他們的能力、他們的行動，都會影響你，讓你在這個圈子裡少走很多彎路。

持之以恆的訓練

最後，我還是要勵志的說一句話，不要總是抱怨「聽了這麼多道理，還是過

3 大號就是做微商或者開店鋪籠絡客戶的微信帳號。小號就是他們用來引流加好友的微信帳號。

不好這一生」，你一定要記得，所有的道理，在不去做的前提下，都只是無用的「雞湯」。就好比你聽了好多課，但不去做考古題，就無法通過考試；你聽了很多教練的話，但就是不鍛鍊，到頭來還是個胖子；你聽了很多方法，但都不邁出第一步，久而久之，夢想，只是夢和想而已。行動，永遠是最重要的。

學校沒教，你該趁早知道的事

1. 剛進入一個行業，像沒頭蒼蠅悶頭亂撞很正常，因為你還不知道光在哪。找到方向之後，你就應該從蒼蠅變蜜蜂，拚命飛，努力成為該領域的專家。
2. 與你交往最親密的五個朋友，你的財富、智慧就是他們的平均值。

04 堅持，一種可以養成的習慣

堅持最難的地方，其實是如何學會聰明的放棄一些東西。

一年能不能徹底的改變一個人？這個問題，很多人問過我，我也問過很多人。答案是能，而且，一年可以徹徹底底的改變一個人。

某年底，我認識了一個演員，幾次工作受挫，她決定閉關苦練英語口語。閉關前，她問我：「如果每天都學英語，堅持三個月能不能學好？」我說不能，時間太短。

她問我半年呢，我有些猶豫的點點頭。

她繼續問：「如果一年呢？」

我使勁的點點頭，然後又搖搖頭。

她問：「怎麼了？」

我說：「一年的堅持肯定可以讓妳變成一個英語口語高手，但許多人在半途就放棄了。」

她笑了笑，說：「你太小看我了。」

年末，我再次見到她，她依舊接著一些不痛不癢的戲，演著不好也不壞的角色。重要的是，她的英語口語能力還是沒有提高，除了幾句簡單的打招呼，其他還是不會說。我問她為什麼沒堅持下來。

她有些不好意思的說：「一年時間太長，中途總有些事情打斷了我計畫好的堅持。有沒有時間短一點的見效方式？」

她認為的捷徑，讓我想起了自己在健身房跟教練的對話。

我問教練：「能不能快點減十公斤？」

教練說：「如果你想一年減十公斤，你就需要每天跑三公里；如果你想半年減十公斤，你就需要每天跑五公里；如果你想三個月減十公斤，你就需要每天跑五公里，然後堅持不吃晚飯；如果你想要一個月減十公斤，你一天就只能吃一餐，且跑步必須從原來的五公里增加到十公里以上；如果你想要一天減十公斤，你就只能做手術了。」

教練還補充了一句話：「做手術的風險很大，往往會有後遺症。所以，除了堅持運動，並沒有什麼輕鬆的好方法。」

的確，在時間的推動下，堅持會有驚人的力量，這種力量能潛移默化的改變一個人。

堅持，需要先做減法

一年能不能徹底的改變一個人？答案是能，不過你需要的是堅持。

堅持最難的地方，其實是如何學會聰明的放棄一些東西。如果你堅持鍛鍊減肥，就要放棄臨時的飯局；如果你堅持每天學英語，就要放棄一時爆紅的網路偶像劇。你不可能一邊吃著大魚大肉，一邊減肥，更不可能一邊沉迷在偶像劇中，一邊背著單字。這些放棄，往往意味著換一種生活狀態，並且養成習慣。**習慣一旦養成，堅持就變得容易很多**。

到底怎麼樣才能堅持下來？人為什麼會這麼容易放棄？是自己的意志力不夠強大嗎？是自己天生就不適合堅持嗎？

的確，我們都在年初滿懷激動的寫下宏偉壯麗的目標，卻在年終無奈的搖搖頭，然後責怪自己：堅持太難了。

堅持難嗎？難。為什麼有人可以堅持下來？

不是他們的意志力有多強，而是他們養成了習慣。我在年初決定今年至少讀五十本書，在做決定當天就買了二十本書，放在最顯眼的地方，不看就覺得買了好可惜，於是我決定每天用閒暇時間讀一讀。

我把晚上十點到睡前的時間擠出來看書、做筆記，那段時間，我一定會關掉手機，安靜的閱讀。

我先堅持了一週，一週後，好幾次想打開電腦或手機跟人聊天，或者出門看電影、吃點小吃，但我都忍住了。又堅持了第二週，十四天後，我養成了習慣。接著，每天如果不在這個時候讀書，我就總覺得少了點什麼，它成了我生活的一部分。

堅持就是這樣，前幾天難受，一旦養成了習慣，就變成了下意識，不用總是鼓勵自己要堅持，自然就能簡單很多。用一年的時間，去不間斷的做一件事情、去磨練一項技能，提升自己的能力，然後讓這項能力帶你去更高的平臺。

堅持，一種可以養成的習慣

過去的一年裡，我看到了許多有趣的案例：一個朋友每天堅持寫作，然後出了一本書；一個朋友堅持每天早上讀英語，結果托福考了一百一十分[4]；一個朋友堅持健身，年底秀出了八塊腹肌。他們並不比我們聰明，他們只是敢在生活中做減法。

那個每天寫作的朋友，就算是參加聚會也帶著電腦，無趣的寫著一些東西；那個考托福的同學，成天蓬頭垢面，幾乎半年沒有買一件新衣服；那個健身的朋友自從做出決定後，就再也沒在晚上和我們喝過酒、吃過宵夜。有人說，這世界的美好都源於堅持，堅持一天容易，堅持一週也不難，難的是堅持一年。

其實，人是有慣性的，堅持一段時間，自然就養成了習慣，剩下的交給時間就好。

4 滿分一百二十分。

那為什麼你聽了這麼多道理，還過不好這一生？因為你只是在聽，而那些人是在做，而且已經開始堅持了。那你要不要從今天起堅持一點什麼？寫點能看到的小目標，養成好習慣，一年後當你再看到這篇文章，會有什麼感觸呢？

大學的每次開學，都是嶄新的一年。而你在閱讀這篇文章時，也可以理解為新的一年的開始。這一年，你可以有無數的機會成為更好的自己，那麼，你要不要從今天開始，立志用一年的時間成為一個非常厲害的人？

學校沒教，你該趁早知道的事

1. 堅持最難的地方，其實是如何學會聰明的放棄一些東西。
2. 習慣一旦養成，堅持就變得容易很多。

05 成功者的共性——極度珍惜時間

失敗者失敗的原因迥異，但成功者都有一個共性：他們極度珍惜時間。

幾年前，我認識了一位「大神」[5]。他的起點不高，從山西的一個小縣城考到北京，又拿了全額獎學金去美國學電腦。幾年後，他留在矽谷，成了谷歌的一位知名程式設計師。和他聊天時，有一段對話讓我印象很深刻。

我問他：「你覺得世界是公平的嗎？」

他說：「從出身來看，不公平，但從時間來看，對每個人都是公平的。」他看我感到迷惑，補充了一句：「因為，每個人一天都只有二十四個小時。」

5 指像神一樣的人物，比如資深玩家或元老級玩家。

後來我發現，**失敗者失敗的原因迥異，但成功者都有一個共性：他們極度珍惜時間，他們的生活井井有條，甚至有些人的一天是以分度過的。**

今天，讓我來跟各位分享六個關於時間管理的祕訣吧。

利用「雞肋時間」，不讓零碎時間控制自己

有一次我和一個做自媒體的朋友一起出差，距離登機只有半個小時，我無聊的滑著手機，他卻掏出電腦開始寫稿。這已經不是我第一次看到他這麼做了，我見過他在地鐵裡寫稿、在火車站列提綱、等餐時打字、等人時動筆……他現在已經是一個百萬粉絲公眾號的主理人。曾經有人問過他用什麼時間寫稿，他說了四個字——「雞肋時間」。

在網際網路時代裡，我們的時間被工作、學習、生活衝擊得支離破碎，但我們吃驚的發現了一個事實：會利用時間的高手，都在合理的利用「雞肋時間」。

我曾經看過一個學生把單字抄在紙條上，走路的時候背、課間的時候讀；我還見過一個學生把程式寫在手背上，一無聊就拿出一張紙對著那行程式碼開始

改寫；我還有個學生，他家離公司非常遠，他每次下班都會聽一堂歷史課的聲音檔，一邊聽，一邊思考，一年後，他出了自己的第一本書，是一本歷史雜文集。

這些人都善用「雞肋時間」，從而成了出眾的人。因為他們深知，這些時間的累積，帶來的不是「雞肋」，而是改變命運的階梯。請你一定要記得，**學會使用「雞肋時間」，但永遠不要讓這些零碎時間占據自己**。不管你是否承認，手機的出現，碎片化訊息正在逐漸讓我們成為一個笨蛋。請你思考以下幾個問題：

你有多久不分心的看完一本書？

你有多久不看手機聽完一節課？

你有多久沒安靜的看完一部電影？

答案是不是很久？心理學中有一個概念叫「心流」（Flow），是人們全身心投入某事的一種心理狀態。如今，我們的心流時間變得越來越短，我們變得越來越無法集中精力做事。不是因為我們越來越笨，而是因為我們隨時被零碎時間控制著，每過幾分鐘就想滑手機、看臉書。我們忘了，心流狀態是可以練習的。

長時間只做一件事，會讓你成為一個更專注的人。想要訓練好心流，就一定要控制自己的時間，不被零碎時間左右，這就涉及如何規畫自己的時間。

劃分第二天的任務，給生活埋彩蛋

珍惜生命的人一定會規畫自己的時間，尤其是當生命走向盡頭時。電影《一路玩到掛》（*The Bucket List*）裡，兩位身患癌症的病人知道自己要離開世界的消息時，開始在紙上規畫起自己的目標。

只有學會規畫並且實施，才不會讓自己的日子過得漫無目的。我曾經在我的學生群體中做過一個實驗，我問了一百位同學，是否記得自己在上週的這個時候做了什麼，有七十九位同學回答不記得了，有十一位同學記得一些片段，只有十位同學清晰的記得自己上週做過什麼。

後來有位同學問我：「老師，你記得自己一週前做的事情嗎？」我笑著拿出一個本子，打開上週的計畫表，說：「記得。」

幾年前，我養成了一個好的習慣，那就是每天晚上把第二天的事情分為不得不做的、喜歡做的、可做可不做的。我先做不得不做的，接著做自己喜歡做的，最後做可做可不做的。

我就這麼堅持了一年，時間確實被充分利用了，但忙碌占據了我生活中所有的空間。我都在工作中度過，在焦慮中結束，每天十分疲倦。後來，我決定不給自己安排得這麼滿，每週要有三天的晚上打死不安排事情（除了讀書），而是去見一個許久沒見的人、去吃一頓沒吃過的麻辣燙、去看一場不怎麼熱賣的電影、去讀一本不怎麼暢銷的書。

我開始給生活埋彩蛋。不要小看這些彩蛋，所謂幸福，無非是有人愛、有事做、有所期待。彩蛋，就是每週的期待，而這些期待能提高生活的品質。所以，在二十二歲時，我開始了嚴格的時間規畫和彈性的彩蛋時間。直到今天，我都無比受益。

最好的休息，是切換左右腦

總有人問我這個問題：「你不休息嗎？」是啊，我真的不休息嗎？最好的休息，從來都不是睡覺。

我們都有過睡了十多個小時依舊十分勞累的感覺，這是因為正確的休息是透過切換大腦的方式進行的，而不是長時間的睡覺。一九八一年，美國心理生物學家羅傑・斯佩里（Roger Wolcott Sperry）博士透過著名的裂腦（split-brain）實驗證實了大腦具有不對稱性——「左右腦分工理論」，榮獲一九八一年諾貝爾生理學或醫學獎。

正常人的大腦有兩個半球，由胼胝體（Corpus callosum）連接，構成一個完整的統一體。大腦兩半球在機能上有分工，左半球負責控制右邊的身體，右半球負責控制左邊的身體。總結來說，左腦負責理性，右腦負責感性。

開始規畫時間的那一年，我上完課回家就打開電腦進行創作，經過一天重複而勞累的授課活動後，大腦的創作機能被完全啟動。當兩邊大腦都累到完全不行後，我就跑到樓下的操場一圈圈的鍛鍊。這樣的調節方式不僅不會讓我覺得累，還讓我覺得生活開始變得更加有正能量。

後來我明白，最好的休息無非是學會調節、學會平衡、學會切換左右腦。比如學習累了，可以聽聽音樂；工作累了，可以看看畫展。在最年輕的日子裡，少睡一會兒真的沒什麼，跑著的人永遠覺得世界是動的，而睡著的人，永遠是懶洋洋的對這個世界。

放棄無用的社交，避免無效的爭論

在一次課堂上，有一個學生問我：「老師，當被別人誤解時，怎麼優雅的對回去？」

我的回答是這樣的：「不要解釋、不要爭吵，雖然我們都是人類，卻不是同一類人，要學會放棄無用的社交，避免無效的爭論。我們在這兩件事情上已經浪費了太多的時間。」

我生平很討厭和別人吵架，我知道觀念不同是因為每個人的出發點不一樣。因為觀念不同，所以世界才多采多姿，而說服一個人，需要太多時間，有時還不討好。

當被別人誤解時，聰明的方法是不辯解，默默的做好自己該做的事情。當然，如果誤解你的人是你最親的人，花些時間不讓他們感到傷心還是有必要的；如果誤解你的是法院，你是一定要解釋的。**面對懂你的人，你不必解釋太多；面對不懂你的人，解釋像掩飾，沒必要。**

我們都要學會避免無效的爭論，畢竟，我們沒有責任和義務去把自己寶貴的時間花在改變別人的想法，替別人操心。

我曾經寫過一篇文章叫〈放棄那些無用的社交〉，裡面有一個觀點：**只有等價的交換，才能有等價的友情。在我們變得優秀之前，所有的社交都是無效社交**。你加了別人的微信，你對別人來說充其量只是按讚之交，你沒有辦法把他變成自己的人脈。畢竟，**人脈不是自己認識多少人，而是多少人認識你**。在此之前，讓我們先努力善用時間，變成更好的自己吧。

不經反思的人生，不值得一過

有一本書叫《奇特的一生》，五十六年間，主人公柳比歇夫不間斷的對自己每日做各項事的時間進行分類統計，並進行分析：每天一小結、每月一大結、年終一總結。他的這種方法，被稱為柳比歇夫時間管理法。柳比歇夫曾說人最寶貴的是生命，但是仔細分析一下，在這個生命中，最寶貴的其實可以說是時間。因為生命是由時間構成的，是一小時一小時、一分鐘一分鐘累積起來的。

蘇格拉底（Socrates）說：**「不經反思的人生，不值得一過。」**

總結和反思是人類最重要的心理進步活動。每天晚上躺在床上時，你是否思考過，今天一天，自己哪裡安排得不好？哪裡計畫得周到？在一週、一個月結束後，你是否總結過一段時間的優點與缺點，在以後的時間去調整自己的計畫？去更好的利用時間？每天進步一點點，才是成功的開始。

《論語》中，曾子曰：「吾日三省吾身，為人謀而不忠乎？與朋友交而不信乎？傳不習乎？」這句話翻成白話文是：「我每天必定透過三件事反省自己，替人謀事有沒有不盡心盡力的地方？與朋友交往是不是有不誠信之處？師長傳授的知識有沒有複習？」這樣有反思的生活，每天帶來的都是正能量。

獨處、平靜的努力

人越是長大，越沒有獨處的時間，但只有獨處的時間，才能讓人有精力去反思。這世界上所有偉大的事情，都是一個人的時候迸發的靈感。

無論多忙，別忘了留一些時間給自己；無論多興奮，都要記得給自己一些空間，向內思考自己要什麼，去想想自己還有沒有什麼能做得更好、去問問自己有沒有忽略身邊人的感受。

最後，我想跟各位分享一句很重要的話：**只有耐住寂寞、時刻反思、每天進步，才享受得了繁華。**

學校沒教，你該趁早知道的事

1. 失敗者失敗的原因迥異，但成功者都有一個共性：極度珍惜時間，甚至有些人的一天是以分度過的。
2. 學會使用「雞肋時間」，但永遠不要讓零碎時間占據自己。
3. 跑的人永遠覺得世界是動的，而睡的人，永遠是懶洋洋的對這個世界。
4. 懂你的人，你不必解釋太多；不懂你的人，解釋像掩飾，沒必要。
5. 只有等價的交換，才能有等價的友情。在我們變得優秀之前，所有的社交都是無效社交。

06 精力管理三步驟，找回高效工作力

當生活和工作被賦予意義，即使沒錢、即使疲倦，精力也會變得無限。

在大學裡，你有沒有突然感到狀態很差，一整天都不想動，感覺自己和床黏在一起了？你身邊有沒有這樣的人？每天像打了興奮劑一樣活躍在各個場合，他們努力學習、積極工作、熱血生活，還談了場戀愛。而你呢，什麼事都不想做，只想安靜的過日子。你到底怎麼了？

有人感嘆是年紀大了，真的嗎？在同一所大學、同一個年級，甚至同一個宿舍，我們總能看到完全不一樣的兩種人：一種人每天起床晨讀，努力學習、積極鍛鍊，而另一種人每天坐在電腦前，或者躺在床上，蓬頭垢面的四腳朝天。

有人感嘆自己狀態不好，卻不知道什麼才叫狀態好、什麼才叫狀態差。我們不能理解同樣是每天二十四個小時，為什麼有些人做了許多事情，依舊充滿著活

力，而有些人什麼都沒做，卻十分憔悴。其實，比時間管理更重要的，是精力管理。吉姆．羅爾（Jim Loehr）和東尼．史瓦茲（Tony Schwartz）所著的《能量全開》（*The Power of Full Engagement*）一書裡有一個觀點：人的精力是有限的，但透過有效的精力管理，形成一個如同鐘擺的循環，使用、恢復、再使用、再恢復，建立一個有效、不斷補充和使用精力的正向循環，我們就能跑得更快更遠。

我來跟各位分享幾個分配精力的小祕密吧。

精力管理的四要素

我們通常認為，精力是一種生理上的能力，其實精力的概念十分複雜。《能量全開》這本書指出，精力分為四個部分——體力、情感、思想和意志，這四個部分，從低到高，一個影響著一個。

記得有一位編劇跟我說，中國電影有一段時間的套路就是，只要是壞人，最終都會因為身體不好而死去，而且這些壞人的脾氣十分暴躁。他沉默了一會兒，又說：「現在好像好人身體也不好，也會脾氣變暴躁。身體不好的人，脾氣很難好，比如我的女朋友每次『大姨媽』[6]來時……。」

他說的這段話實在是應景，當一個人體力不好時，情感往往不會太正面。同理，我也遇到過很多剛失戀的孩子——對工作三心二意、對朋友冷言冷語、對家人漠不關心，這是因為情感對思想也有著很深刻的影響。當然，一個人長期思想低迷，意志自然不會高到哪裡去。意志其實就是感知事務的意義感。

我想起一年前，我的狀態十分差，每天上課十小時，讓我根本找不到工作的意義。後來老闆看出我狀態不好，讓我放了兩個月的假，還幫我調漲薪水。可是，我後來回到公司就辦理離職，因為一份沒有意義的工作會讓人喪失精力。

我成了電影導演和暢銷書作家後，偶爾還是會在考蟲網教英語，學生在課堂上開玩笑的說：「龍哥是一個被英語耽誤的作家。」但從那時起，我的精力好了很多。所以，當我們明白，所謂**精力**，無非就**是由體力**、**情感**、**思想和意志組成**，我們也明白了它們會從低到高的互相影響，接下來，就讓我們對症下藥。

6 月經的代稱。

- **透過鍛鍊和睡眠保持體力**。

體力是精力的最底層。體力有問題，精力永遠不可能好。漢朝的霍去病和三國時期的諸葛亮，都有一身才能和滿腔熱情，卻因為身體不好而無力施展。

提升精力，主要透過充足的睡眠和有規律的鍛鍊。我的健身教練每天都精力充沛的跟我上課，我問他是不是戀愛了，他笑著說：**「少吃、多動、多睡。」**

其實，每天七個小時的有效睡眠和半個小時的午睡，就能讓一個人保持住體力優勢。再加上每週三至四次的鍛鍊，身體很快就會變得結實，精神也能很好。睡眠時間不能過長。**過多的睡眠，只會讓自己挫敗感十足，精力反而大打折扣**。

- **透過冥想、獨處和聽音樂提高情感**。

每次演講前，我都會找個沒人的角落，閉上眼睛，然後深吸一口氣，有時候只需十秒鐘，我就能很快的安靜下來，想清楚自己要講的話。後來我發現，**冥想和獨處，能讓人很快的變得安靜和安心**。

其實這個時代的戾氣很重，我們經常看到有人在網路上，因為一件事情自己不理解，或者沒有順從自己的意思就暴怒。當你閉上眼睛開始冥想、獨處、反思時，很多不愉快的情緒都會消失。另一種方式是聽音樂。好的歌曲、快的旋律，能讓人心曠神怡、心情舒暢。就算是情歌，也能讓你在痛苦中大哭一場。你要知道，哭出來，總比憋著好受太多。

如果感興趣，建議可以看一本書叫做《自控力2》（*Yoga for Pain Relief*）。

- **透過思維切換放鬆大腦。**

我在之前的文章中提到過左右腦的切換，其實就是改變精力的分配。左腦和右腦分別負責感性和理性的部分。恰當的切換，能讓精力分配更加高效。

比如，當你做數學題做累了時，可以去看畫展；當你背單字背疲憊了時，可以聽音樂。除此之外，從腦力活動切換到體力活動，從一個人獨處切換到與一群人討論，都是維持精力的較好方式。

- **賦予工作和生活意義。**

賺錢能在一定程度上提高人的幸福感，但沒有意義的工作和生活，無論賺多少錢，都會讓人垂頭喪氣。二〇一六年底，「知識IP」[7]這個概念開始爆紅，

7 指一個人依靠知識型內容輸出，持續建立個人品牌，最終讓自己可以實現穩定流量獲取和變現。

許多所謂大型的知識IP推出了一堆奇怪的課開始賺錢，也有許多人建議我趕緊開課，說：「標價標高點，過了這個紅利期，就再也沒有機會賺錢了。」

經過幾天的糾結，我和團隊商量後，還是決定不蹚這個渾水，原因很簡單——那時賺錢不是我們想要的。那時，我們開始籌備自己的電影《回不去的流年》。在許多人反對，告訴我們現在做電影不賺錢時，我們依舊做了。這部電影的拍攝經歷，成了我永久的回憶，也成了我們兄弟幾個最好的作品。

當生活和工作被賦予意義，你會想到很多人看到這部電影被感動，繼而有了力量，我們忽然發現即使沒錢、即使疲倦，精力也會變得無限。

如何提高自己的精力

最後，讓我來分享幾個提高精力的方法吧！

- **盡可能的練習專注**。

這個時代的人，由於被碎片化的資訊占據，因此無法長時間集中精力，慢慢的失去了專注的能力。但這世界上所有的美好，都源於專注，所以我們要盡量在學習時遠離手機、讀書時遠離人群、思考時避免被干擾。心流狀態可以被訓練，而且所有的專注，在經過長時間的訓練後，都會給人帶來更好的精力。

- **和有正能量的人在一起**。

和有正能量的人在一起，人不僅會心情愉快，而且會有更多的可能性。我團隊的人都有一個特點：不抱怨、不指責，做任何事情盡全力，若成功，就慶祝；若失敗，不互相指責。正能量可以感染彼此，同理，負能量也是會傳染的。我們很難控制別人的情緒，但我們能選擇自己的朋友圈，以及控制自己的感情。

- **降低損耗**。

我們在做不同的事情時，總伴隨著能量和精力的損耗。比如下班去健身房的路上，路上的塞車就會消耗你的精力；在不同工作中思維的轉換，就是精力損耗。如果想降低精力損耗，你就要會安排自己的時間，劃分自己的任務。

比如你可以把寫作和讀書任務，統一放在夜晚的某兩個小時進行；可以找一個離家十分近的健身房；花一個下午見不同的人。這樣在某種情況下，你減少了精力損耗，保持了心流狀態，提升了自己的專注力。

二十多歲的孩子，應該是朝氣蓬勃的太陽，千萬不要「頹廢」。

學校沒教，你該趁早知道的事

1. 過多的睡眠，只會讓自己挫敗感十足，精力反而是大打折扣。
2. 冥想和獨處，能讓人很快的變得安靜和安心。
3. 當生活和工作被賦予意義，即使沒錢、即使疲倦，精力也會變得無限。

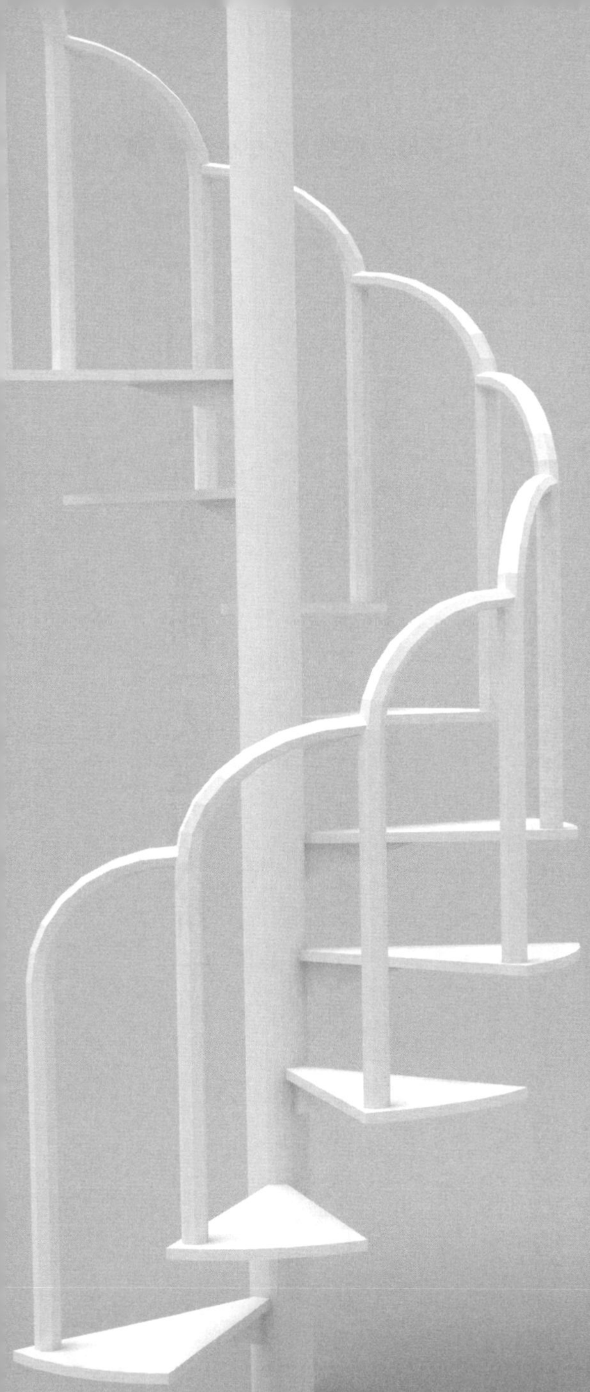

第四章

擺脫慣性思維

01 永遠要避開「人生四大坑」

當事情發生時，最好的做法就是別表態，先調查，查清楚，再表態。永遠保持懷疑的態度去獨立思考。

在這篇文章裡，我要跟各位分享的是每一個大學生在網際網路時代都會遇到的思維「四坑」。這篇文章很重要，因為以下四個誤區，我們每個人都遇到過。只不過在大學四年，更多的資訊會導致更大的混亂以及迷茫，從而讓你做出以為正確、實則十分糟糕的決定。

這四個大坑分別是：先入為主，用結論反推證據；以偏概全，人云亦云；把一件事情變成另一件事情；自己的生活一塌糊塗，卻為別人操碎了心。

這篇文章，不僅會幫助你正確看待這四個思維誤區，還會幫助你梳理破解的方式。當思維改變、行動改變，生活品質也就逐漸有變化了。

先入為主，用結論反推證據

作家易中天在某次講座中被一個男生提問。

男生問易中天：「你這樣的大師也要刷存在感嗎？」

易中天不解，男生繼續說：「你看你小的時候……你再看你本來學的是美學，現在研究歷史……你再看你年紀這麼大了還上電視……」他說了很多。

易中天的回答也很機智：「你的邏輯思考是對的，但是邏輯起點錯了。」這就是我們很多人在思考時的第一個大坑——先篤信結果，再反推證據。

比如，老太太跌倒，你去扶起她，有人覺得：「不是你撞的，你為什麼要扶？」、「還解釋？你的解釋就是掩飾！」、「你不解釋了？心虛了吧！」

還有，有人覺得：「不是你的錯，你為什麼要分手？」、「你看你哭了，是不是覺得自己錯了？」、「你笑什麼啊，是不是覺得自己特別可笑？」

這樣的例子有很多，當你一開始就喜歡某個人，認為他永遠不會犯錯，他的一句「滾出去」，反而會讓你覺得他更有男人味了；如果你一開始就不喜歡他，他的那句話只會讓你覺得他更讓人討厭。

正確的做法是什麼？是你經過調查、取證、推理、分析，然後給出一個清晰的結論，而不是先有結論，再反推證據。當你擁有了調查推理思維，就很容易做到對事不對人。

在法庭上，首先需要有證據；有時候光有證據還不夠，你還要有證據鏈[1]；有了證據鏈，還要有人證和物證，才能得出結論。這樣的結論才是可靠的、才是有說服力的。所以，我多次說要麼證實、要麼證偽、要麼存疑。

當一件事情發生，最好的做法就是**別表態，先調查，查清楚，再表態**。此時的態度，就清晰、有說服力多了。這也是我們一直說的，**永遠保持懷疑的態度去獨立思考**，這對當代大學生而言是最重要的思維模型。獨立思考一直是大學生缺乏的，我在《讀大學，究竟讀什麼》裡看過一個故事。

教師給各國同學出了一道題：「有誰思考過世界上其他國家糧食緊缺的問題？」學生們都說不知道，非洲學生不知道什麼是「糧食」，歐洲學生不知道什麼叫「緊缺」，美國學生不知道什麼叫「其他國家」，中國學生不知道什麼叫「思考」。

大學的本質是「獨立之精神，自由之思想」，但很多同學都忘記了。

以偏概全，人云亦云

我曾看過一則新聞，內容是遊客趙健一行人到麗江的快活林飯莊用餐。因一碗豆漿上得慢，與店家發生衝突，並於服務生端豆漿上桌時，將豆漿碗摔在地上，隨後稱：「我沒砸，我是手滑。」當店家上前理論時，趙健說：「賠妳就是，有的是錢，賠妳兩百。」店家堅決要求趙健道歉，但趙健不肯繼續飆罵。於是，店家打電話找人助陣，趙健則報警處理。經警方居中協調，雙方不歡而散。但過不久後，竟然在巷口發生了打人事件。

這件事在當時鬧得很大，有一個留言是這麼說的：

「我們東北人找一幫人打死他們。我們河南人把他們的井蓋都偷了。我們上海人一分錢也不捐給麗江。我們溫州人炒高他們房價去！你們去鬧吧，我們新疆人最後把鍋都背了。」

1 指證據之間用以證明事實所形成的邏輯關聯。

那個留言的內容很長，但我並不是要探討這個案件，而是每次有事發生，總會有「地圖炮」在網路上胡亂攻擊。「地圖炮」原指遊戲裡一種地圖攻擊武器，在遊戲裡只要開炮了，無一倖免，現在其內涵已經衍生成一種地域式攻擊。

每個地方，都有自己的「地域黑」[2]。為什麼會有這麼多「地域黑」的人呢？因為人的大腦比較容易接受相對簡單的資訊，從而直接下結論，而「地域黑」之所以容易下結論，是因為它足夠以偏概全。以偏概全雖然簡單，但存在一個問題：過分的定義整體，忽略了個體的多樣性。

因為被男朋友劈腿了，所以男人都不是好東西。可是，這世界上還有溫暖的男人、好學的男人、奮進的男人、帥氣的男人（比如我）。當心門被關閉、當以偏概全模式上升為大腦主線，人們也就自然而然的忽略了生活中美妙的個體。而以偏概全，也傷害了世界。可是，往往正是這些個體，改變了世界，改變了每個人的生活。所以，別亂給別人貼標籤，去真正了解一個人，去花時間調查一件事情，這才是你應該做的。

電影《心中的小星星》（*Taare Zameen Par*）裡有一句很經典的臺詞：「每個孩子都是獨一無二的。」

的確，我們不能因為幾個個體，而去質疑整個群體。所以，正確的想法應該是這樣的：人性是複雜的、群體是複雜的，當一件事情發生，你要明白，是個體出了問題，遇到下一個類似的個體，我們依舊要給予其同樣的機會，與其進行平等的交流。只有這樣，你才不容易失去生命的精采。

有一本書叫《複雜》（*Complexity*），作者是梅拉妮・米歇爾（Melanie Mitchell）。它雖然不好讀，但特別適合每一個單純的人讀，去了解這個複雜的世界。

把一件事情變成另一件事情

把一件事情變成另一件事情是很多人的做事特點。大家一開始明明在爭論一件事情，然後上升到你這個人智力有問題，再聊到你的品德不好，最後是「問

2 因為個別人的言行不當，而上升到整個地區的行為。

候」你全家……這是網路上大多數「噴子」[3]的套路。這也是許多人在聊天、做事時的方式——把一件事情變成另一件事情。他們不停的發散自己的思維，卻忘了事情本身可以很簡單。

我們每個人都有過這樣的經歷，考試沒過，我們認為自己能力不好，然後上升到自己智力不好，再變成自己不適合讀書；和男朋友分手，從男朋友是渣男，變成自己不適合談戀愛，再到世界上的男人都不是好東西。

就事論事是一種本事。世界上發生什麼都不可怕，但你要弄清楚事情的核心，把這件事情牢牢的控制在該有的範圍內。**不擴大、不引申、不對人，只對事**。這種觀念，能讓你有機會接觸更多的思維，學到更廣泛的知識，擁有更平和的心境，包容不同的聲音，從而讓你變得更好。

比如，當你被老師罵了，千萬不要引申為「老師不喜歡我、同學也不喜歡我、誰都不喜歡我，我是個垃圾」；當你被女朋友甩了，千萬不要亂推導為「我什麼也不是，我是個廢物，以後我都不會有真愛的」。

就事論事，才能更加客觀。

自己的生活一塌糊塗，卻為別人操碎了心

最後，聊聊網際網路上最奇怪的現象——為別人操碎了心。

每次哪個名人出軌、辭職、生孩子、離婚……當事人還沒說什麼，圍觀群眾就先操起心來了。你是否想過，我們一群年薪還不到十萬元的人，正在操著年薪千萬元的人的心？還有人特別熱心的幫他們出謀劃策，卻忘了自己還生活在水深火熱之中。是啊，我們就是這麼一群特別熱心的人。

你是否想過，人的時間有限、精力有限，注意力永遠是稀缺的，過度關注別人的事，自然就無力關心自己的事。別人的新聞，無論多大，都只是談資，大不了是警戒。**只有自己的生活，才是核心，是對你而言最重要的一切**。所以，別替別人操心了，想想自己的生活。與其胡亂操心，不如想想今天的功課做完沒。

我算是半個演藝圈的人，與許多明星也很熟悉，但我幾乎不知道他們的八

3 指愛好胡亂指責他人而不通情達理的人。

卦。因為在大部分情況下，我不怎麼上網，更不怎麼看熱搜。許多熱搜，等它發酵一會兒再去看，可能會更有觀點和收穫。

很多觀點，並不是別人怎麼說，你就要怎麼認為，你要有獨立的思考模式，才不容易活成大多數人的樣子。比如下一篇文章，你一定會跌破眼鏡。

學校沒教，你該趁早知道的事

1. 人生四大坑：先入為主，用結論反推證據；以偏概全，人云亦云；把一件事情變成另一件事情；自己的生活一塌糊塗，卻為別人操碎了心。
2. 就事論事是一種本事。不擴大、不引申、不對人，只對事。

02 不蹺課的學生，不是好學生

知道什麼課該蹺、什麼課不該蹺，是一種智慧。

說到這裡，肯定有一些人要罵了：「你竟然教大學生蹺課！」還是請你聽我講完。

有一個段子是這麼說的。大一：你怎麼遲到了？大二：你今天怎麼沒上課？大三：你上課嗎？大四：你怎麼去上課了？

這是許多大學生四年的寫照，但這背後是有原因的。我們先不說現在大學校園有多少老師在混時間、亂講課，以致誤人子弟，我們就從下面這個故事開始。

我曾遇過兩個學生，他們同一個科系、同一班，一個學生每堂課都上，一個學生每堂課都不上。你猜哪個學生被當的機率高？

你一定會猜錯，因為，他們被當的機率一樣。是不是覺得很奇怪？連我在內，聽到的人都覺得很奇怪，那個每天坐在課堂上不蹺課的學生，為什麼被當的機率跟那個天天蹺課的一樣高？答案很簡單，因為這兩個學生，都不算好學生。

我仔細的觀察過這個每天都來上課的孩子。雖然他每堂課都來，但不過是坐在後排打瞌睡，不時的拿出手機上網、按讚，並沒有認真的做筆記，也沒有發現問題並解決問題。這樣的狀態和不在課堂上，又有什麼區別？

你可能會反對，說這是特例，一定有同學每堂課都在認真的做筆記，他們的學習成績一定很好。

也未必。大學教師的水準和課堂教學能力參差不齊，不是每堂課都應該去上，有些課去上了，反倒是浪費時間。我曾經去過一所學校，看到一位老師的授課狀況，他在講《馬克思主義基本原理概論》。有趣的是，他不過是在唸書，有時還唸錯。下面的學生做著自己的事情，而他只是唸著書，不抬頭。

後來我才知道，這位老師要評教授，可惜授課時數不夠，需要拿學生湊課，所以他並沒有備課，吃虧的恐怕就是這些學生了。與其聽他唸書，為何不自己買一本《資本論》在圖書館讀呢？還能挑著看自己感興趣的章節。

所以，在大學的課堂上，聰明的孩子應該知道什麼課對自己有用、什麼課對自己沒用，要清楚的知道自己要什麼。選擇自己需要的課去聽，不需要的，完全可以自學。

那些每堂課都不蹺課的孩子，歸根結柢是不知道自己需要什麼。看似每堂課都上了，製造出看起來很努力的假象，到頭來不過是一場空，控訴著自己這麼努力，怎麼還沒有取得理想的成績。所以，逃該逃的課，上需要上的課，哪怕這門課不是自己學校開設的。

很早以前，我被中國人民大學的一個朋友，拉到了金正昆教授的外交禮儀課。金教授講得很好，要提前很長時間進教室占座位。後來金教授在課堂上調侃說：「我這門課沒有這麼多人選啊，怎麼這麼多學生？還有站著聽的。」後來他一統計，校外的學生占了五〇%。

我的旁邊就坐著一位校外的學生，他是北京師範大學的，坐了半個小時的公車過來聽。我問他：「你下午沒事嗎？」他說他蹺了學校的課過來的。我說：「為啥蹺課啊，不怕被點名嗎？」他說：「學校那門課對我一點用都沒有，我就蹺啦。放心，老師點名時，同學會幫我答到的。」

他還說：「我費了好大的力氣才弄到金老師的課表。」他說完，笑得很開心，我一點也看不出他是個壞孩子，因為在這個課堂上，他很認真寫筆記，效率很高。可以想像，如果他在那個課堂上墨守成規的聽著對自己沒用的課，雖然沒有點名的風險，可是對他來說是浪費了一下午時間。有這時間，倒不如去操場上跑跑步，提振精神。

還有講座，校方其實花了很多精力和財力，才請到一些專家來開一場講座，你記住蹺課也要去聽。因為某些講座，聽一次，終身受益。

選擇，是一種有智慧的放棄

其實每個人清楚的知道什麼課該蹺、什麼課不該蹺，是一種智慧，因為走進社會之後，選擇一直是每個人的難題。

兩份工作都不錯，我應該選擇哪一份？兩個女孩都很好，我應該選擇誰？大多數人，總是在糾結與徘徊中選錯了，或者明明選對了，卻後悔沒有選擇另一個。這世上哪有兩者兼顧的道理？哪有魚與熊掌兼得的哲學？**選擇了就堅持，放棄了就別後悔。**

在課堂上，我無數次告訴學生，大學四年最重要的是培養獨立發現問題、解決問題的能力，你要知道自己缺什麼，要不停的對自己發問，然後朝著目標前進。高中時是老師帶著你走，而上了大學，老師只不過給你指出一條路，告訴你哪邊可以走，甚至老師告訴你的路，走到頭發現不過是一個丁字路口，向左向右，還是由你自己決定。此時此刻，你是否知道自己何去何從？

每次去大學做巡講簽售，我最喜歡那裡的圖書館和自習室，久而久之，我發現了一個現象：真正優秀的學生，不會每堂課都聽，他們經常私下問老師問題，解答自己的疑惑。大多數時間，他們都在自習。優秀的學生一定是自學的高手。

走入工作崗位更是這樣，我遇到過許多找工作的孩子，面試臺詞都是：「雖然我什麼都不會，但是我可以學。」自學是每個優秀青年的必備能力。

我自己的工作室就曾錄用過一個女孩，她真的什麼都不會，她不停的告訴我這個不會、那個不會。一開始，大家還有精力教她，後來忙起來，都希望她自學。到了最後，她的工作其他人直接做了。

我問她：「為什麼不能自己在家鑽研一下？自己學學，有時這些事都是小事，思考一下不就有解決方案了嗎？」

她理直氣壯的說：「我要是自己都能學會，何必來你這實習？」這句話答得我啞口無言，這是很多大學畢業生的窘境——難的做不了，簡單的不願做。

工作後，沒有人會像大學老師那樣有義務、無條件的教你做這個、做那個，獨立思考的能力、獨自發現問題並解決問題的能力，此時就顯得格外重要。大學四年，那些每天都期待老師把所有知識講完、講到位，每堂課都來傻傻的聽課，從不獨立思考的孩子，就吃虧了。因為，他們驚訝的發現，走入社會後，沒有了老師，只剩下自己。

相反，那些總喜歡自己鑽研事情，總是靠自學一步一步走的孩子，畢業後獨立的精神就強大了很多。更重要的是，當走入社會這個更大的「大學」後，在沒有老師的前提下，他們知道自己要什麼，發現自己的問題後，獨自一個個的將其解決，這樣能力就提升得很快。

我們的教育，把「聽話」二字看得很重。很小的時候，老師甚至把「聽話的孩子」等同於「好學生」。其實，隨著年齡的增長，你會發現「宰相肚裡能撐船」和「君子報仇十年不晚」的矛盾；你會發現「兔子不吃窩邊草」和「近水樓臺先得月」都被人說過。世界上的觀念太多，各有各的理。聽話不重要，重要的是，你要有自己的見解，要有自己獨立思考的空間。

在長大的路上，你會發現許多觀念各有各的道理，但在特定場合，有些也喪失了道理。至於該走哪條路，這完全取決於你自己。這也是大學課堂無法教給你的能力——發現問題和解決問題的能力、批判思維、分辨對錯以及自學自知的能力。這是本書一直在強調的事情。當然，如果你蹺課去打電動、追劇、玩劇本殺[4]，而不是去圖書館學自己想學的知識，我想這篇文章算是白寫了。

同理，在你走入社會後，反向思維也會讓你非常受益。所謂反向思維，就是當所有人告訴你要做什麼時，你是否想過還有不做的可能？當所有人都告訴你不要做什麼時，你是否還有做的理由？

生命是多采多姿的，你要敢於從各個角度去看它。

4 「劇本殺」又叫「實況劇場遊戲」，英文名是 LARP，是 Live-action Role Playing（實境角色扮演）的縮寫，起源於歐美聚會破冰的遊戲，玩家可以根據卡片上的文字進行遊戲，透過角色扮演聯手完成劇本中的故事或推理解謎。

學校沒教，你該趁早知道的事

1. 逃該逃的課，上需要上的課，哪怕這門課不是自己學校開設的。
2. 知道什麼課該蹺、什麼課不該蹺，是一種智慧。
3. 選了就堅持，放棄了就別後悔。

03 內向的人如何社交？

鑽研自己的專長，把自己不擅長的交流部分，交給別人去做。當你有了專長，就有了不可替代性，才能被人發現。

我曾經是一個內向到不行的大學生，不愛跟人交流，不願見陌生人。也不知道從什麼時候開始，我開始逼著自己走出舒適區。現在我依然很內向，但每次跟人交流時，他們都會跟我說：「尚龍，你真的是擅長社交。」

如果你是內向者，我想告訴你，如果不去改變，你可能會被這個時代的很多人「欺負」和「欺壓」。我說的改變，並不是從內到外的改變自己的性格，而是改變自己的行為和技能。因為這世界對內向者真的不友好，對外向者太友好了。

我聽過不少性格內向的朋友跟我說，要學會改變自己的性格，從內向的狀態中走出來，變成一個外向的人。許多人開始逼著自己努力社交，甚至背一些亂七八糟的段子去活躍氣氛，還逼自己去各種場合攀談，拓展人脈。結果，這些人變得越來越不喜歡自己，講出的段子越來越詭異，臉上的表情也越來越複雜、難看。逼著自己改變性格真的有用嗎？

內向性格沒救了嗎？

這個世界之所以精采，正是因為有不同性格的人。可是，我們總是過度強調外向性格優於內向性格，為什麼？因為這個世界的話語權，牢牢的掌握在外向者的手裡。可是，這難道就代表外向一定優於內向嗎？內向性格一定要被改掉嗎？內向性格的人就不能社交嗎？社交到底重不重要？

我遇到過很多內向的人，他們平時不太喜歡講話，甚至喝了酒後，依舊不太願意和人交流，只是靜靜的發呆。但是他們有個強大而豐富的內心世界，他們喜歡獨處、喜歡閱讀、喜歡一個人看一部電影、喜歡一個人購物、喜歡一個人做飯。他們有無數種方式，度過獨自一人的時光。

我認識很多「大神」，也是內向的。他們告訴我，自己之所以內向，是因為內心深處是無比多采多姿，而這些東西，往往無法跟別人分享，就只能獨處了。

其實，科學證明內向者和外向者都是天生的。外向者透過外界獲取精神能量，他們透過和別人交流，觀察別人的行為，分析別人的話語獲取能量、新的觀點和對世界的認識。相反，當外向者擁有過多的獨處時間，他們反而會內心難受、思考受限。

而內向者不一樣，他們透過獨處，透過與自己內心進行對話來獲取能量。當人開始變多，他們的精力就開始被損耗，甚至每一次聚會和團體活動，對他們而言都是折磨。可是，當他們一個人時，或者一對一時，對事情的專注，將會讓他們更能發揮出自己的優勢。

內向和外向不過是兩條通向終點的路，外向者的路上充滿著花朵和彩虹，而內向者的路上雖然都是小草和灌木，但也有一種別樣的風格。所以，性格不需要被刻意改變，更沒必要改變自己的模樣。你需要做的，是**改變自己的行為和技能**。比如，你雖然內向，但你可以多說兩句話；你雖然社恐（社交恐懼），但你可以裝作不害怕；你雖然愛獨處，但你在很多人面前能做到收放自如。這些都需要後天訓練。

「短板理論」的問題

我們都曾經聽過短板理論，一個容器的容量取決於其中最短的那塊木板。[5]現在這個世界變了，在網際網路時代，我們不需要讓自己的短板變長，否則成本太高。我們需要和別人合作，**用別人的長板**[6]**來彌補自己的短板，從而用更多的時間打磨自己的長板，讓自己的長板足夠長。**

分享一個我自己的故事。雖然我經常演講，但平時很少和別人打交道，更不太喜歡無用的社交，可是每次寫完劇本，我都要和不同的製片方打交道，要不然不知道如何談合作。而對方動不動是五、六個人一起，時常讓我分身不暇，更不知道從何開始聊起。

一開始我還看了大量商業類型的書，練習了無數種和這些人打招呼、談判的方式，搞得我焦頭爛額。後來，我索性就不跟他們見面了，我委託團隊裡專門處理製片的同事幫我談。瞬間，事情變得簡單多了，我不僅有更多時間去寫字，還避免了許多讓我不開心的場合。

我想，這就是內向者應該做的事情——**鑽研自己的專長，把自己不擅長的交**

流部分，交給別人去做。當你有了專長，就有了不可替代性，才能被人發現。讓擅長這個領域的人去做擅長的事情，是這個世界高效運轉的方式。

我見過很多優秀的作家、畫家、導演、設計師本人十分內向，但幸運的是，他們身邊一定有一個外向的人，幫助他們把持著社交這一環節，而他們只需要專注於自己喜歡的事情。

內向者的熱愛

我對內向者的另一個建議是**熱愛事情，不用熱愛人**。

當你把事情做得足夠出彩，你不用熱愛別人，別人反而會來喜愛你。據說，愛因斯坦、賈伯斯、比爾・蓋茲、作家 J. K. 羅琳（J. K. Rowling）、思想家愛默

5 最短的那塊板子指的就是人的缺點、不擅長的地方。
6 長處，擅長的事。

生、金庸、林書豪等都是典型的內向主義者。

羅永浩曾經說過：「你們別看我站在臺上能扯那麼久，其實我是個很內向的人。參加超過五個人的飯局，我就會全身不舒服，每次飯局（結束）後回家，我都要一個人狠狠讀一天書才能緩過來。我現在站在這裡演講，其實恰恰是因為我發現了自己的一個強項，我擅長演講，並且喜歡它。我也沒想過這個技能能賺什麼錢、得到什麼名利，我只是喜歡，就認真去練習。記得沒去新東方當老師前，有很多人說：『老羅，你平時一天都說不了幾句話，你還能上講臺當老師？你別開玩笑了吧！』但我不管，我內向的性格決定了我不會被別人左右，誰說內向的人不能當老師？

「其實我身邊有很多同事，是十分內向的，但站在講臺上的一剎那，他們就煥發了激情，心中充滿了熱愛。一下臺，馬上變成了一個內向的人。可是，我們從來不會評論這些人內向，說他們性格不好，我們只會覺得他們很有趣、很有料、很厲害，甚至會說他們很低調。總之，我們很喜歡他們。」

為什麼？因為他們沒有把時間放在社交上，而是把精力放在自己的專長上。網際網路時代其實很難埋沒人才，只要是人才，無論多內向，都有熠熠生輝的機會。那時，無論多內向的人，身邊都會有很多喜歡你的人。畢竟，你是光源啊。

放棄無效社交

我曾經說過一句話：「要學會放棄無用的社交，在你不夠厲害時，應該多學習，用心鑽研自己的能力，因為只有等價的交換，才能有等價的友情。」

對於內向者而言，打造人脈，不如打造自己。我在六年前被拉到了一個群組裡，裡面有各種「大神」，各個名字都如雷貫耳。我想了很久，還是沒有加他們的微信。因為我忽然發現，自己和他們好像沒什麼好交流的，了不起就是在朋友圈按按讚、評論兩句話，這樣的社交有什麼意義呢？

幾年後，我也開始有了點影響力，他們中有幾個人加我為好友，後來成了好朋友，他們跟我開玩笑說：「我們當年還在同一個群組呢！」

我也謙虛的說：「是啊，我當年想加你，但不太敢。」

後來我才明白，當你是內向性格時，就更沒必要花大量的時間去拓展人脈了。因為人脈不是你認識誰，而是誰認識你；人脈不是你加了誰的微信，而是誰肯為你的朋友圈按讚。

最後，我特別建議每一個內向的人學會寫作和演講。當你面對一群人時，你可能不會說，但你得有準備好的演講內容；你可能不願講話，但你能在家裡寫出自己想說的話。尤其是寫作，它是上天對內向者的恩賜。

學校沒教，你該趁早知道的事

1. 如果你是內向者，而不去改變，你可能會被這個時代的很多人「欺負」和「欺壓」。因為這世界對內向者真的不友好。
2. 鑽研自己的專長，把自己不擅長的交流部分，交給別人去做。當你有了專長，就有了不可替代性，才能被人發現。

04 有點成就的人都不合群

這年頭看不慣的事太多了。看不慣，要想得通，心裡罵，臉上也要微笑。

在我不懂事的青春裡，寫過一篇文章叫〈你以為的合群，只不過是在浪費青春〉。那時我還年輕，字裡行間充滿著暴躁和怨恨，雖有道理，卻也得罪了不少人。再次落筆時，我看了一遍那時的文字，覺得少了點什麼，所以，我想要重新認真的寫這個話題。畢竟，是否應該合群，確實是每個人在大學生活裡都會遇到的問題。

你以為你在合群，其實你是在浪費青春

從一個故事開始。那是一個下午，課間休息時，一個男生灰頭土臉的跟我

說：「老師，我不想活啦。」

我很震驚的問他：「為什麼？」

他說宿舍有四個人，一個天天打電動、一個天天跟女友視訊聊天、一個天天追劇，他是唯一認真準備考試的人。這三個人不僅不覺得自己有問題，還以一副鄙視不屑的表情看著他，說：「你裝什麼裝？我們一個二流學校，你整天看書有意思嗎？你拚得過清華、北大的學生嗎？搞得自己好像多厲害一樣。」

他笑笑，該怎麼學就怎麼學，可是，每次他想靜下來看書時，宿舍裡都會傳來各種「fire in the hole」[7]的聲音；晚上準備入睡時，他卻不停的聽到「親一下嘛」這樣詭異的聲音。他開始整晚失眠，卻又不得不早起去圖書館占位置。幾次和室友溝通無效後，他和其他人越來越無話可說，後來索性不說了，回到宿舍，只睡覺，不說話。

可是，萬萬沒想到，他就這麼被孤立了。那三個人不停的以「你不合群」來攻擊他，說不合群的話，以後怎麼在這個時代混，有人甚至故意藏他的東西，讓他找不到。就這麼幾次來回，他筋疲力盡，開始懷疑自己：我到底要不要合群？

他把這個問題拋給我時，我聽得入神，忘記回答。因為這種現象，在中國的大學校園裡太普遍。這是人們普遍的心態：你進步，我沒進步，我就會不爽；你讀書，我在玩，你就不合群。於是我問：「那你覺得上大學是為了合群，還是為了努力變成更好的自己？」

他說：「為了成為更好的自己。」

我說：「那不就好了，和別人有關嗎？」他若有所思的點點頭。

那天晚上，我為他寫了一篇文章，並寫給他這麼一段話：「二八法則」[8]適用於世界的每個角落。**這世界一定是少數人擁有多數人的資產，多數人為少數人工作**。網際網路時代裡，甚至可能變成「一九法則」，你願意成為少數人還是多數人？既然無法選擇室友，就要選擇自己的朋友。如果你在大學四年的朋友只有室友，就說明你沒有走出宿舍、沒有看到外面的世界、沒有交到志同道合的朋友。如果你的室友剛好就是和你志同道合的人，那麼太不容易了，記得珍惜。如

7 意為小心手榴彈，是遊戲《絕對武力》中扔手榴彈時的音效。——編者注

8 又稱帕雷托法則（Pareto Principle）、八十／二十法則，一小部分的原因、投入或努力，「通常」可以產生大部分結果、產出或酬勞。

果不是，也沒關係，做少數人就好。這世界的真理，還真的掌握在少數人手裡。

不過，既然自己是少數人，就註定要被冷眼相待，註定要孤獨行走。可是，這世上，誰又不是孤單一個人呢？

他看完特別開心，說：「老師，我不想自殺了。」

等價交換，才能有等價友情

愛默生曾經說過：「如果有兩條路，我選擇人少的那條行走。」

其實，在青春歲月裡，寂寞是常態。一個人的生活很正常，你真的沒有必要在自己變強大前，花大量的時間去瘋狂的社交，因為那些熱臉貼冷屁股的社交，不過是無用的社交。

人脈不是你認識誰，而是誰認識你。

我們都糾結過今天晚上是跟一群人唱歌，還是一個人在家看書。不去，總覺得那個場子裡有一些很優秀的學長姊，留下他們的微信會不會有用？去了，發現狂歡其實是一群人的寂寞。

可是，你思考過一個問題嗎？就算你留了他們的微信，又能怎麼樣？不過是按讚之交，你進入不了他們的世界，他們也不願走進你的人生，沒有交換，就沒有交集。只有等價的交換，才能有等價的友情。

有人又開始說了：「那這個世界也太殘酷了吧，一點感情都不講嗎？都是交換才能有感情嗎？」

沒錯，這個世界就是這麼殘酷。只是交換的不一定是錢，可能是你的專長、你的能力。所以，**想要獲得等價的交換，要先讓自己變強，拿出真才實學交換**。要不然，光留下對方的微信，除了看看對方朋友圈，真的很難走進對方的心。

什麼是有意義的合群？

又有人問：「那我是不是就不該社交，不該合群？」你看，你又走極端了。

社交是人與人之間昇華感情的重要方式。從原始時代開始，因為合群，我們才懂得如何用火，我們才能制定戰術打敗比我們牙齒鋒利的猛獸；因為合群，我們才活到了今天，才能和其他動物區分開。

可是，今天的時代又與以前不一樣，因為我們的生活中有太多群體了。所以，不是每個群都要合，畢竟不停的討好別人是一件很痛苦的事情。你明明是一個籃球高手，卻被分到了足球隊；你明明高大無比，卻被要求低頭跑步，跑得慢，低頭累，還告誡自己要合群，不要鶴立雞群，這不是做死嗎？

合群沒錯，但要合自己該合的群，合屬於自己的群。讀軍校時，雖然我和許多人穿著同樣的軍裝，剃著一樣的髮型，卻發現格格不入。直到今天，和當年的同學聚會時，他們都會開玩笑的說：「龍哥，你當年那個不合群的勁啊，我們都受不了！」

我撓撓頭，有些不好意思，心想我真的有那麼不合群嗎？可是今天，我們公司的任何活動，我都會第一時間趕過去，能幫上忙的就毫無保留，能付出全部就不留餘力，我從心裡愛著這個創業公司，愛著每一個合作夥伴。我時常在三更半夜請朋友吃宵夜，間隔三、五天就和大家聚著喝酒。為什麼我現在合群了？

因為現在一起創業的人，都是跟我志同道合的人，這是我自己喜歡的群體，所以，該合群。人生最美好的事情，無非是和一群志同道合的人，用盡自己的全力，共同做成一件事情。這種合群，才是有意義的。

一群人的狂歡，不如一個人的獨處

可是，找一群志同道合的人容易嗎？別說找一群了，找一個都很難。

《祕密》（*The Secret*）裡面有一個很有趣的法則，叫吸引力法則，即你是什麼人就會吸引什麼人。你是一個正能量的人，身邊就會吸引一群熱血青年；你是一個負能量的人，就會自動吸引這樣的人。

可是，這個法則不是百分之百適用，因為有時候你就是很難吸引一個和你一樣，或與你相似的人。有些人終其一生，都孤單的行走在路上。我們曾經以為越長大越孤單，後來才發現世界原本是座孤兒院。大多數路，是一個人走，偶爾有人陪你走兩步就匆匆的說再見，剩下的路，還是你一個人走。

好在，孤獨是最好的升值期，那些一個人的時光，能讓你成為更好的自己。不要總覺得自己很孤單，用好這些一個人的時光，自己總會在不遠的未來發光。這些光芒，會吸引和你一樣的人，這些孤單，只是為了讓以後不那麼孤獨。當你變得更好後，會有更多人來找你，你會成為太陽，會有更多星球圍著你轉。

說了這麼多，我無非想說：「不合群就不合群，一個人吃飯沒什麼；一個人入眠也能很幸福；一個人去自習室也應該對著天空微笑；一個人流淚也很酷。這些都是讓自己變得更好的必經之路。」

室友和你不是一條船上的，不是就不是，那就找自己的「船員」，建自己的「鐵達尼號」。看不慣他們的作為，就別看了。可是，一定要記得，再怎麼看不慣，也不要對室友下手。**交流是化解矛盾的最好武器。別動不動就動手，這年頭讓人看不慣的事情多了。看不慣，要想得通，心裡罵，臉上也要微笑。**

無論如何，在最年輕的時候，你要學會獨處。那些有成就的人，無論表面看起來多麼合群，內心都有一片屬於自己的世界；無論表面看起來多麼阿諛，內心都有屬於自己的價值觀。

願你在一個人行走的時候，不那麼孤單。

願自習下課後路燈能照亮你的影子，顯得格外高大。

願圖書館裡能有書香陪伴著你。

願你早日找到自己的群體。

在這一章的最後，我會告訴你怎麼去交朋友。

學校沒教，你該趁早知道的事

1. 這世界一定是少數人擁有多數人的資產，多數人為少數人工作。
2. 合群沒錯，但要合自己該合的群，合屬於自己的群。
3. 交流是化解矛盾的最好武器。別動不動就動手，這年頭讓人看不慣的事情多了。看不慣，要想得通，心裡罵，也要臉上微笑。

05 和父母溝通要嘴順，行為獨立判斷

和父母溝通的方式——嘴巴上順，但行為上有自己獨立的判斷。

這篇文章，我寫了整整一個晚上，因為我很清楚的知道，這篇文章對很多人都有用。我用了很多案例和理論，僅僅是為了讓你更容易讀懂。無論你是大學生還是家長，我都建議你閱讀一下這篇文章。

這個年代的我們和二十世紀的家長，從底層的價值觀來說是不一樣的。在二十世紀的家長眼中，吃飽肚子比什麼都重要。但在我們這一代人的眼中，幾乎沒有飢餓問題，大家追求的只有一樣東西——幸福。這就是為什麼家長特別喜歡問：「你做這件事情有用嗎？」而我們特別喜歡回答：「可是我喜歡啊。」

有一本暢銷書，叫《男人來自火星，女人來自金星》（*Men Are From Mars, Women Are From Venus*）。我想，父母和孩子，何嘗不是這樣？父母來自火星，

而子女來自金星。學會溝通、理解、妥協，是我們這一代人共同的課題。

大學生應該怎麼和父母交流？這篇文章會給你答案，一定要多讀兩遍。

釋放明顯信號，告訴他們你長大了

我在簽售時被一個高中生問了一個問題：「老師，我和父母有矛盾，應該怎麼辦？」

我問她：「什麼矛盾？」

她說：「他們不讓我用手機，說會影響我學習。」我愣在臺上，很快，我明白了點什麼。

科技能給我們帶來方便，但也能使一個人的思維產生退化。讀高中時，父母也不讓我用手機，因為那時的手機大多數還不太方便上網，但可以無休止的打電話，和女朋友聊天。所以，老師在家長會上多次強調：不准用手機，拒絕未成年談戀愛。後來，老師也不讓高中生用手機，理由變了：拒絕打網路遊戲。

可是，手機只能用來談戀愛和打電動嗎？我在北京生活，每次出門時，只要帶臺手機，就什麼都解決了。甚至不用帶錢，只要有手機，什麼都可以做。我現在時常拿手機聽課、看書、看電影，不得不說，手機給我們帶來了很多方便又準確的知識。科技至少讓我變得越來越好。

為什麼父母和老師不讓高中生用手機呢？因為父母非常清楚的知道，你還是個孩子。因為你是個孩子，你無法控制自己，無法做到自律，你沒有能力為自己所做的事情負責，所以我們只能管你了，我們只能以偏概全了。

那天，我跟那個孩子這麼說：「妳知道什麼是自由嗎？**自由的另一面叫自律，自律就是為自己負責**。當妳告訴父母妳長大了，並且暗示他們，妳能為自己的行為負責時，他們自然就放手了。」

我從軍校退學前，爸爸很擔心，一直打電話給我，他問的問題都很簡單：「你退學後，還能做點什麼？」後來，我寫了一封很長的信給爸爸，信上寫著我以後可能會做的事情。雖然現在看來，那些事情一件都沒做到，但那時的信明確的傳達了一個訊息：爸媽，我長大了，放手吧。

在父母的眼中，你永遠是孩子，但他們很清楚的知道，他們是會老的，他們也會放手，只是他們和你一樣，不知道什麼時候該放手。他們怕你選錯了、怕你受傷害、怕你無法承擔你犯的錯誤，所以，他們幫你選了。

在成長的路上，你一定會有一件或者多件標誌性的事情告訴他們：我長大了，我能為自己負責了。

經濟獨立是一切獨立的基礎

長大的標準是經濟獨立。一個學生曾經跟我抱怨過一件事：「我很想出去玩，爸媽不給我錢，該怎麼辦？」當時聽到這個問題，我差點沒被嚇到，我說：「那妳是想要我當妳爸媽，還是想要我給妳錢啊？」

她不好意思的摸摸頭，然後說：「也是，沒錢好慘啊！」我經常建議一些同學在大學四年裡，別總是在腦子裡植入一些幻想，比如你一定會嫁給某個明星、你一定會成為灰姑娘。你應該多植入夢想，把夢想變成行動。你應該多想想自己以後能幹什麼、以後想幹什麼、以後的生活是什麼樣的，如何靠自己得到。

你甚至應該多想想，自己什麼時候才能實現財富自由。因為**只有實現財富自由，你才有更大的話語權，決定自己的去處和未來**。只要方法得當、能力夠強、一直進步，你早晚會實現財富自由，接著，父母一定會放手。畢竟，哪位父母不願意孩子成為自己的保護傘呢？

用父母認同的方式說服父母

你會怎麼跟父母解釋現在當紅的「小鮮肉」呢？

如果你說他們有好多粉絲、好有影響力、超級帥……放心，你父母一定會覺得你有病，而且病得不輕，他們還會加一句話：「跟你有什麼關係呢？」

可是，如果說這個人就是當年的小虎隊、就是當年的「四大天王」、就是當年的費翔，紅得不得了，父母瞬間就懂了。因為對於父母來說，那些是他們認知範圍內的東西，那些更能引起他們的共鳴。

我在打擊校園暴力時，一個伯伯打電話給我，要我不要多管閒事，說我還沒結婚，管別人的孩子幹什麼。我當時說了很多，他只是不停的告訴我：「你現在事業正發展，管那麼多有什麼意義呢？能賺錢嗎？能幫你娶老婆嗎？」

後來，我跟他說：「你知道這些孩子為什麼這麼囂張嗎？因為他們在人群中從來不會有罪惡感，就像你們當年被〇〇〇欺負一樣。」我說到這裡，伯伯像明白了什麼，馬上不說話了，最後只說了四個字——注意安全。

我在寫書時，我的父母一直不知道我在幹什麼，因為他們聽身邊的人說，很多人自己花錢出書，印了好幾千冊放在家裡送人，特別丟臉。他們還勸我：「尚龍啊，我們還是要好好上課，畢竟那是你的主業。」

後來，人民日報經常刊登我的文章，我把連結貼給父母看，他們瞬間明白了：我在做一件很厲害的事情。因為那些父母熱衷的東西能讓他們感覺更親近。

用父母的邏輯去說服父母，是最重要的方法。

比如，當你想選擇音樂時，媽媽反對，你可以說：「媽，當年妳不是說，只要我好，妳也開心嗎？如果我現在不選擇音樂，我就會不開心啊。妳不會不希望我開心吧？」

又比如妳選擇A作為男友時，父親不同意，妳也可以說：「爸，你當年不是告訴我，你和媽都是經過別人介紹認識的嘛，現在我靠自己找到真正喜歡的人，難道不好？你不希望你的女兒找到自己真正喜歡的人嗎？」我想，這樣講的話，效果能好很多。

不要用語言對抗，要用行動溝通

我曾經給漂泊在外的孩子寫過一句話：記得報喜不報憂。其實這是跟父母溝通的一種方法：**盡量不要用語言對抗，要用行為溝通**。

什麼是孝順？有一些人總以為孝順是從不反抗、唯命是從，其實不是，孝順主要的含義是順，所謂順，就是語言上順著來。而順著來是有技巧的。

我的一個女學生和男友戀愛四年，父母不認可那個男生，要她趕緊分手，可她就是喜歡，於是問我怎麼辦？

我說：「妳就跟妳媽說好，然後繼續談著，說什麼都順著，語言上別對抗，但行動上還是應該有自己的判斷。」

她就這麼堅持了兩年，後來父母覺得這麼拖著孩子不好，並且在這麼長的時間裡真正了解那男生，就同意了這門婚事。關鍵是，這個女生從來沒有和家裡人吵過架，父母每次發作，她要麼岔開話題，要麼嘴巴上不停的說好好好，但行動上還是堅持自己的判斷。所以，和父母溝通的方式是**嘴巴上順，但行為上有自己獨立的判斷**。

我還遇到過一個更聰明的孩子。她在北京畢業後，父母非要她回家考公務員，她表面上說：「好好好，馬上回去」，可是就是不買車票，就這麼拖了兩個月，硬是在北京找到了工作，然後打電話跟父母講：「爸媽，我在北京找到了一份工作，一個月八千多元呢，先不回去了。」

父母一想也是，回到家裡，一個月才三千多元，就讓孩子去打拚一下吧。

所以，用行動溝通，而不是語言對抗，是一個非常好的方式。

雙贏原則和雙輸原則

作家古典所寫的《拆掉思維裡的牆》裡有兩個非常著名的模式，分別是「我不爽——父母爽」的雙輸模式和「我爽——父母不爽」的雙贏模式（見下頁表4-1、表4-2）。

所以，讓你的父母停止質疑、痛苦的最好方式只有一個：**立刻行動，讓自己變成更好的自己**。用行動證明給他們看，只有這樣，才是雙贏。

▼**表 4-1** 「我不爽——父母爽」的雙輸模式。

	我不爽	父母爽
我不爽——父母爽	我覺得無力，但是還能忍。	父母開心，覺得終於讓孩子幸福了。
我不爽——父母不爽	我覺得失控，越來越無法忍受。 我開始自暴自棄，還抱怨都是父母害的。	父母開始發現我不幸福。雖然對我覺得很抱歉，但勸我再堅持一下。
我很不爽——父母不爽	我覺得自己的人生很失敗。	父母放棄堅持，覺得自己怎麼會有這樣的孩子，他們的人生很失敗。

▼**表 4-2** 「我爽——父母不爽」的雙贏模式。

	我爽	父母不爽
我爽——父母不爽	我選擇自己喜歡的事情，並開始行動。	父母生氣、絕望，甚至打算放棄我。
我爽——父母觀望	我有一點內疚，但還是堅持做自己喜歡的事情。 我堅持做自己喜歡的事情，慢慢小有所成。	父母很絕望，覺得孩子大了，自己有想法了，不聽話了。 父母開始懷疑自己的判斷，但是依然不確定我現在的選擇是對還是錯。
我很爽——父母爽	我覺得自己生活得很幸福。	父母放棄堅持，覺得我的選擇很不錯。

去影響父母，和他們共同成長

你知道嗎？我們的知識和見識體系原本都是透過長輩告知，透過一個村莊裡最有見識的長者搭建，可是現在時代變了。網際網路時代的到來，讓兩代人的資訊和知識一下子「平等」起來。現在這個時代已經變成：你會問父母怎麼帶孩子，而父母會問你怎麼用 LINE。

我們這一代人，「長」在網際網路上，面前是人工智慧，背後是大數據，而我們的父母，正在逐漸老去。所以，你需要陪著父母共同成長，你要把學習的東西告訴父母，和他們共同成長，因為他們曾經就是這麼教你的。

有個孩子說，父母總是轉發一些吃什麼會死、什麼肉又出問題了、趕緊買鹽囤起來這樣的謠言給他。我說：「那你就要告訴他們，什麼是謠言。」也許沒用，但多說兩句，肯定有用。

還有些孩子告訴我，自己的媽媽總是相信莫名其妙的中獎謠言。我說：「那你就要告訴她們，這些人都是騙子。」這是我們的責任。別忘了，在我們不懂事時，是她們孜孜不倦的教你說話，一遍又一遍的教你認字，而現在，也應該換你一點點的把自己知道的告訴她們，一次次的重複著你感覺熟悉，而她們感覺陌生的知識。

有一次我回到家，看見爸爸因為五元停車費和別人吵起來，後來他非常生氣，把憤怒轉移，對我發火。我把這個故事寫進書裡，我說最好的省錢方式是賺錢。你為了五元，和別人浪費半個小時，把心情搞壞了，還轉移憤怒罵我，這些時間成本、心情成本和五元比起來，簡直是得不償失啊。

幾年後，爸爸開著車，跟我聊到了這個，他說現在再也不為幾塊錢而跟別人生氣了，他說：「那天看你的書，我覺得寫得很有道理。」所以爸爸說要更加努力賺錢，少生氣，哈哈哈。他笑得很開心。我也很幸福。

現在，我時常把自己看到的、經歷的一線知識分享給我的父母，他們在電話那頭笑嘻嘻的說：「兒子長大了，都學會這麼多老爸、老媽不知道的事情了。」而我清楚的知道，沒有他們，就不會有今天的我。這是最好的親情。

你不僅陪他們變老，還陪著他們終身學習。

學校沒教，你該趁早知道的事

1. 自由的另一面叫自律，自律就是為自己負責。
2. 經濟獨立是一切獨立的基礎。
3. 只有實現財富自由，你才有更大的話語權，決定自己的去處和未來。
4. 跟父母溝通時盡量不要用語言對抗，要用行為溝通。
5. 讓父母停止質疑、痛苦的最好方式：立刻行動，讓自己變更好。

06 真正的愛是克制，不是放縱

真正的愛，不是放縱，而是克制；是保護，而不是傷害；是提前預防，而不是事後後悔。

我是支持大家談戀愛的。大學四年，如果能有一段戀愛關係，還能互相陪伴和成長，真的是太幸福了。但是，很多女孩子因為在大學沒保護好自己，而受到了一生的傷害。有些男生，也因為沒有相應的知識，到頭來悔恨終身。這篇文章，我大膽點，聊聊一個稍微隱晦但十分重要的話題——大學生的性行為。

學校周圍的鐘點房[9]

先從一個真實的故事開始。

有一次我上午剛下課，累得快死，中午有兩個小時的時間休息。一想到下午還有五個小時的課，我就想找一個地方休息一下。走到一所大學門口，我看到了一家小旅館。門口的牌子上，清清楚楚的寫著提供鐘點房。

於是，我走了進去，可能是因為我長得像學生，櫃臺對我的態度很輕慢。我說：「妳好，我要開個鐘點房，兩個小時就好。」

她奇怪的看著我說：「你開鐘點房？一個人開啊？」

我聽得雲裡霧裡，一個人不能開鐘點房嗎？我納悶的點了點頭。

然後她繼續問：「你不帶個女的或者男的？」

這句話問得我毛骨悚然，然後我瘋狂的搖頭，再次確定的說只有我一個人。

她又問：「你不帶什麼工具嗎？」

我以為是枕頭和被子什麼的，就問她：「你們不提供嗎？」

她說：「這個都自己帶，我們不提供。」還要我不要把房間弄髒。

9 指按鐘點計價供客人短暫休息的旅店客房。

我當時想，服務態度真差，連枕頭和被子都沒有，還開什麼旅館啊？於是我轉身就離開了，走在路上被冷風一吹，忽然腦袋清醒多了。回想起這段對話，我頓時毛骨悚然，原來還是自己太單純了。

後來，在週末晚上，我又去了那家旅館，壓根兒沒有空房。裡面的房間很破，設施簡陋，就是床大，價格便宜。老闆說他們旅店價格便宜，童叟無欺，尤其是鐘點房。

一到週末，學校周圍的情侶紛紛來襲，生意好的不得了。老闆還說很多情侶甚至直接在這裡辦起了長租，有一次一對情侶在房間裡吃火鍋，把線路直接弄短路了，真是把這裡當成家了。

她講到這裡，我忽然意識到，世界變了。我想起父親跟我說過，他們讀大學時，男生和女生一般是不敢講話的。對比來看，時代真是變了。我們以為這是很罕見的，但事實呢，這個現象很普遍，已經在大學裡有了相當的比例。許多宿舍裡也有些床鋪長期沒有人，甚至有些學校已經在討論，是否可以在家長允許的情況下找到別的方式。這個現象和學校好壞無關，和人的善惡無關，只是和青春、熱血有關。你可能以為我接下來要批判這種現象，其實不然。

大學的禁忌？

許多人從道德和貞潔的角度去批判女性和男性的墮落，說這個社會的男人和女人是怎麼了。在這麼一個社交軟體風行、資訊高速發展的社會，我們已經無法像以前一樣？人有很多種生活方式，你可以不喜歡、不同意，但是，你要明白，每個人都有選擇生活的自由。

不過是生活方式而已，不存在誰高誰低。鄙視、謾罵本身就是沒素質的表現，包容、理解才是最好的修養。但是，凡事都不能過，物極必反，甚至會造成一定後果。

一個大二的女孩曾經在微博發私信給我，說自己和同班的男生戀愛，男生提出同居，她問我自己是否應該同意。

我說：「這是妳的事情，妳自己做主，但我不太建議這麼早就同居。」

她說：「呵呵，老師，你太保守了吧？」

我當時愣了半天，心想，妳這不是早就有答案了，那你還問我意見，難不成是來調侃我的？於是我沒有再回覆她。半年後，她再次發私信給我，說她前些時間做了墮胎手術，手術臺上，自己欲哭無淚，男生什麼也不懂，一直問怎麼辦。她最後還怪我，說我為什麼不早點攔著她，要是我當時攔著她，她就不會這樣。聽到這裡，我差點一頭撞牆。

這種故事還有很多，悲劇的起源大都是對性的無知。我給你看一則恐怖的新聞：南昌一對「九〇後」[10]在校大學生未婚先懷孕，因害怕家人和學校知道，在賓館生下女嬰後，兩人當即將嬰兒殺害。南昌市中級人民法院對此案進行一審宣判，以故意殺人罪，分別判處兩人有期徒刑七年和兩年。

我看到這則新聞，第一反應是震驚、憤怒，然後是困惑。的確，這個寬容的世界，不應該譴責一個人在青春裡揮霍自己的情欲，但為什麼不提前做好保護措施？如果沒有戴避孕套，為什麼不計算安全期、吃避孕藥？就算都沒準備，退一萬步說，為什麼懷孕後沒有及時處理這個問題？

殘忍的背後，往往透露著無知——對自己的無知、對欲望和性的無知、對世界的無知。這些無知是怎麼來的？關於兩性關係的課還是開得不夠多，性教育的選修課開得更少。

青春期是躁動的，不能壓制，而應該引導；不應盲目譴責、謾罵，而應該告訴他們如何保護自己，告訴他們真正的愛情，根本不是縱欲，而是保護好對方，陪著對方共同進步。**喜歡是放縱，愛卻是克制**。

如何看待性行為？

在中國有一種很奇怪的現象：避孕套廣告做得畏畏縮縮，人工流產[11]廣告卻做得大大咧咧。墮胎廣告到處都是，教女孩如何保護自己的資訊卻不見多少。為什麼沒有一門課告訴學生：一個負責的男人，一定會主動戴上避孕套。一個對自己負責的女生，一定會要男人戴上避孕套。

畢竟在這個世界裡，你很難告訴大學生這不對，那不好。因為在我們的文化

10 指一九九〇年至一九九九年出生的人。

11 墮胎在中國是合法的，且非常容易做。在臺灣則為「有條件」的合法。依《優生保健法》第九條規定，若懷胎婦女在某些情形下施行人工流產則例外不成立犯罪，例如避免遺傳性疾病、胎兒有畸形之虞、遭強制性交而懷孕者，或懷孕生產將影響婦女的心理健康及家庭生活等。

中，性這個方面，被壓抑得太久，而性本身就是生活裡的一種常見品。當一個東西被壓抑得太久時，就有爆發的可能。

性教育一直是我們需要加強的地方，不是我們這方面的專家不夠強，而是誰也不知道底線在哪裡，一談到就不好意思，認為會教壞青少年。其實大可不必。有些資訊，越溝通，越安全；越壓抑，越危險。我們不應該盲目壓抑性欲望，而應該學會用知識保護自己。

真正的愛，不是放縱，而是克制；是保護，而不是傷害；是提前預防，而不是事後後悔。

當然，你可以說我不想學這些東西，懷孕就懷孕，我生下來難道不行嗎？一個自己都活不明白[12]的人，還要生一個孩子，這不只是任性，還是對自己和即將到來的生命的雙重不負責。

有人又會說了，那就給爸爸、媽媽帶吧。你可真好意思，你爸媽辛辛苦苦把你養大，因為你自己的問題而生一個嗷嗷待哺的孩子出來，你爸媽為什麼要幫你養小孩呢？我們可以肆意揮灑自己的青春，卻不能因為放肆而放縱，最後放棄了自己或別人的未來。

所有的放肆，應該控制在一個安全的範圍內，每個人都怕再不瘋狂就老了，但是，人更怕老了後悔自己瘋狂過頭了。所以，願你們理性的相愛，安全的做愛；願你們白頭到老，不要相愛相殺；願你們天長地久，而不是曇花一現。

學校沒教，你該趁早知道的事

1. 真正的愛，不是放縱，而是克制；是保護，而不是傷害；是提前預防，而不是事後後悔。
2. 所有的放肆，應該控制在一個安全的範圍內。

12 指人還沒有想明白生活中的意義。

07 朋友的朋友，可以是朋友

注意挑選朋友，你的朋友甚至決定了你的價值觀、身分、地位和財富。

我時常建議大家在大學四年多破圈、交朋友，因為你不知道哪一天就會有一個朋友能在你畢業、找工作，甚至找對象等大事中幫上你。可是，每次講到這裡，都有同學跟我說：「我根本沒有社會資源，人家有關係、有背景、有資源，我什麼都沒有。」

遇到這樣的同學，我想問：「你想過你為什麼沒有資源、沒有背景嗎？」

很多人來到北京、上海、成都、西安這樣的大城市，都是從沒有資源、沒有背景、誰也不認識開始的，後來他們怎麼會認識這麼多人？就拿我自己來說，我也是一無所有時來到北京，一開始認識的人只有高中的四個同學，現在已經有三個人離開北京，剩下的一個估計也會離開北京。可是，我的朋友反而越來越多。

在網路上有人批評我，說李尚龍經常說自己有一個朋友，他哪有那麼多朋友？其實這就是不太了解我了，我挺愛社交的，尤其願意和聰明人交朋友。我的同學都把我稱為路由器，好像跟誰都認識，跟誰都有點關係，但其實也不是，我會選擇和優秀的人交朋友。有一本書，推薦給你叫做《朋友的朋友是朋友》（*Friend of a Friend*）。

這篇文章裡有很多乾貨，一併分享給每一位希望擴展人脈的大學生。

經營弱關係，拓展你的外部資源

在我們獲取的新資訊中，有機會及可實踐的，大多數來自我們自己的弱關係，或者休眠關係。

所謂弱關係，就是我們不常見面，或者相當長時間不怎麼聯絡的人。其實，你長大後會發現，親密關係並不能提供給你特別重要和新的觀點。因為你們太熟了，待在一起太舒服。如果有用，早就有用了。

舉個例子，當你需要一份新工作時，你肯定是先問父母，請身邊最親密的朋友介紹，接著生活中強關係有可能被動員，然後幫助你。但是對於你來說，爸媽找到的關係可能不是你需要的。此時，弱關係是接觸新資訊的重要管道，而且比強關係的動機更有價值。

除了弱關係，還有休眠關係。比如你長時間沒聯繫的高中、初中同學，你一起補習過但沒怎麼聊過天的同學。你思考一下身邊有多少這樣好久沒聯繫的朋友了，趕緊請人家吃個飯。坐一坐，聊聊天，這種弱關係會給你帶來大量的資訊，這些資訊會讓你變得更好，也會讓你看事情看得更全面。

所謂休眠關係，僅僅是我們和某人長時間不聯繫，並不代表這個人消失了。這個人可能還在我們的朋友圈，有時候按按讚。長時間沒有見面，這說明他在另外一個圈子已經很長時間，他的資訊對你來說，應該是比較新的。

每個人同其他人之間，最多間隔六個人

一九九四年時，有三個大學生，改變了我們對人類關係的理解。

他們閒得無聊便看電影打發時間，發現每部電影中都有一個叫凱文·貝肯

（Kevin Bacon）的人。這三個大學生，作為資深影迷，他們有一個專長，那就是能夠隨機說出男演員和女演員的名字，他們想試試說出一個演員的名字，需要多少部電影，這位演員才能夠跟明星凱文．貝肯聯繫起來。比如貓王，他發現貓王跟凱文．貝肯之間只隔著一個連絡人；又發現另一個演員，他和凱文．貝肯之間隔著三個聯繫人。他們就把這個聯絡人的間隔取名貝肯數（Bacon Number），比如他跟瑪麗蓮．夢露（Marilyn Monroe）的貝肯數是2，就表示中間隔兩個人。

在這種極其無聊的運算中，他們竟然發現了一個祕密，這個祕密就是好萊塢的任何人和凱文．貝肯之間的間隔關係不超過六個人，他們後來登上《每日秀》（*The Daily Show*），跟觀眾證明說凱文．貝肯是娛樂圈的紅人，因為他跟誰都有關係。他們上了這個節目之後，貝肯數的遊戲迅速就傳開了，他們也因為無聊認識了貝肯，三兄弟一下子爆紅。

這事還沒完，在維吉尼亞大學（University of Virginia）讀書的兩名電腦科系的學生，看了這個節目，發現了一個更驚人的祕密，不是貝肯這個人，好像人人都是這樣。然後這兩個程式設計師就決定弄一個網路電影資料庫，這個網站幾乎彙集了每一部電影的導演、編劇、製作人。任何人在這個網站輸入兩個明星的名字，網站都會在數秒鐘之內找到兩者之間最短的路徑，尋找到兩個非貝肯明星之間的關聯。

這個遊戲的人氣非常高，每天的訪問量有兩萬多次，直到二〇〇七年，貝肯因為這個網站名聲大噪，演的戲沒紅，遊戲紅了。接著，美國數學學會根據這個設計了一個叫「貝肯神奇」的網站，這個網站還有一個叫測量距離的計算器，就是可以找到任意兩個數學家之間的關聯，再之後，這個實驗就越做越誇張，開始測量任意兩個人的間隔，最後經過大量的數據顯示：平均只要五至六個人就可以聯繫任何互不相識的人，簡單來說，是五．五個人。

也就是說，每個人跟美國總統之間最多只會間隔六個中間人，你和我也只有間隔六個中間人。後來我們把這個理論稱為「六度分隔理論」（Six Degrees of Separation）。

「六度分離」這個術語出自一個叫約翰．格爾（John Guare）的劇作家，這個人寫了一部戲劇叫做《六度分離》（*Six Degrees of Separation*），甚至寫過這麼一段話：

「這個星球的每個人同其他人之間，最多間隔六個人，所謂六度分離就存在於我們這個世界上任何人之間，美國總統跟船夫中間竟然只隔了六個人，這就是人際關係的一個終極奧祕。」

如果你知道這個奧祕，請你相信這篇主題——朋友的朋友，可以是朋友。

主動交朋友

關係網絡有一個特點——偏好依附。大家有沒有發現我們特別喜歡依附一些很熟的人，我們喜歡在關係中找到那種安全感。但是真正的社交達人，不僅會享受安全感，還會自我突破去見到「不安全」的關係。但就在這些不安全的關係中建立安全感之後，他的關係網會越來越大。

人際關係學揭示了一個非常出人意料的事實，就是一開始這些關係非常難處理，但是時間是良藥，你會發現經營關係變得越來越輕鬆。隨著你的社交範圍越來越大，你要建立新的聯繫可能會越來越簡單。

所以可以發現，內向者越內向，朋友越少；外向者越外向，朋友越多。這就是著名的馬太效應（Matthew effect）：凡有的，還要加給他，叫他有餘；凡沒有的，連他所有的也要奪過來。

這裡有一個竅門：你的朋友裡一定有那種社交達人，跟他交朋友，由他來給你介紹他的朋友，帶你進他的圈子，你能很快走進去。

但問題來了，人家憑什麼帶你？除非你身上有人家需要的特質，比如餓了遞個饅頭、睏了遞個枕頭。提供自身價值和稀缺感，也是交友中的重要內容。

注意挑選朋友

最後說一句：交朋友很關鍵，因為朋友決定了你這一生最重要的一些節點。**你的朋友甚至決定了你的價值觀、身分、地位和財富。**

美國傑出的商業哲學家吉米．羅恩提出的「密友五次元理論」認為：一個人的財富和智慧，基本就是五個與之親密交往朋友的平均值。你在什麼環境中、你有什麼樣的圈子，決定了你後半生的成敗得失。

這就是我們說的：**物以類聚，人以群分**。

你的朋友是會影響你的。比如說你有個朋友胖了，根據研究顯示，接下來的二至四年，你變胖的機率能達到四五％。如果你一個朋友的朋友胖了，你變胖的可能性也會上升二〇％。

開個玩笑，你老跟胖的人玩，變胖的可能性會很大，研究人員把這個稱為三度影響力原則（Three Degrees of Influence Rule）。

同理，你有朋友吸菸，你有六一％的可能性變成一個菸鬼；你有個朋友的朋友吸菸，你有二九％的可能性抽菸。如果你的朋友發財了、如果你的朋友幸福了，那你也就不一樣了。

所以要跟正能量的朋友相處，跟高處的朋友相識。還有一句話一定要送給你，這句話是我媽跟我說的：「原以為往下活簡單，不用太費力，後來發現越往下走，越多雞毛蒜皮，反而越往上走，雖然艱辛，但上面的人出奇的包容，那裡生活才簡單。」

學校沒教，你該趁早知道的事

1. 朋友的朋友，可以是朋友。
2. 注意挑選朋友，你的朋友甚至決定了你的價值觀、身分、地位和財富。
3. 原以為往下活簡單，不用太費力，後來發現越往下走，越多雞毛蒜皮，反而越往上走，雖然艱辛，但上面的人出奇的包容，那裡生活才簡單。

第五章

不要讓自己只是看起來很努力

01 沒人在乎你多麼努力，人們只看結果

努力可能不會成功，但不努力你會後悔。

有一天，朋友帶我看了他們院子裡最高的一棵樹，樹很粗壯，在春天的滋潤下枝繁葉茂，讓他的院子有許多能乘涼的地方。朋友指著這棵樹的樹幹告訴我：「這裡有幾道傷口，你能看到嗎？」

我看到那棵樹上有幾條白色的痕跡，說能看到。

朋友說：「這棵樹幾年前被一個醉漢用斧頭砍過，差點枯死，幸虧我和我媽趕緊報警，及時制止，才讓它存活下來，有了今天這片蔭涼。」

我說人沒事就好。但他接下來說的話，讓我十分有感觸：「現在這樹長高了，有時候看到它身上的這兩道傷口，我還是會痛恨那個曾經傷害過它的人。他精神失常，進醫院了。」

說著，朋友要幫我拍照，他轉身，踩著腳下的小草，找到一個好的角度，然後對著我說：「來，尚龍，笑一個。」

我一邊笑，一邊沉思。接著，我看了一眼地下被他踩得枯萎了的小草，那一瞬間，我明白了點什麼。我接下來講的這段話，你可能不同意，但對不起，這是這個世界的真相。

這世界根本不在乎你多麼努力，只在乎你努力的成效。換句話說，**如果你的努力沒有結果，就等於沒有努力**。就好比你的目標是考上研究所，如果你沒考上，你的所有努力只是感動了自己。

為什麼人們會心疼這棵參天大樹曾經的傷，而不會顧及腳下小草的痛？因為小草太小，而大樹太大，當小草被放大十倍變成蘆葦、被放大一百倍變成大樹，就不會有人踐踏它了。人們也會心疼它身上的傷，恨曾經傷害過它的人。同理，當你把一隻螞蟻放大到一百倍，讓牠的表情能被人看到、讓牠的痛苦能被人清晰的感知，就再也不會有人一腳踩死牠了，至少不會有人毫無罪惡感的踩死牠了。再同理，只有高大的人，他過去的傷痛才會被人看見；一個渺小的人，所有的傷痛，只有自己知曉。

努力可能不會成功，但不努力你會後悔

我在簽售時，曾經有人問過我一個問題：「龍哥，這世界相信努力的意義嗎？」我說：「相信。」

他問：「那為什麼我這麼努力，還是沒人認可我？」

我待在臺上，遲遲想不出對答的話語。當晚，我想了很久，一瓶酒下肚，才忽然想通了：這世界根本不在乎你多麼努力，只在乎你是不是有所成就、在乎你的努力是否有效。

其實，在人有所成就前，努力都不會被人歌頌，只有在人成長為一棵參天大樹後，他的傷痛和努力才會被人認可、被人發現、被人傳播、被人心疼。想到這裡，我也終於明白這個世界運轉的方式：**在你渺小時，沒人會在乎你的努力；當你成功後，才會有人願意聽你的故事。那些故事，才是有血有肉的。**

有人說世界很殘忍，的確，因為上帝總是原諒，人類偶爾原諒，但大自然從不原諒。這是個被強者書寫的世界，所有的歷史，寫於勝者之手。如果你不是勝者，就無法書寫自己的歷史並讓後人看到。這是個功利的世界，只有好的結果出

來，你才有資格被人關注到努力的過程；只有結果好了，才會被人注意到努力。

就像高中時，每位學習成績好的同學，都會在考試後分享自己的學習方法。可惜的是，當他考砸了，就再也不能分享，換成了別人分享；很多企業家在公司上市後，會到處分享自己管理公司的理念，卻在公司破產後銷聲匿跡；出名的人講自己的經歷時，臺下的人一般會熱淚盈眶。可是一個不知名的人，無論他的故事多麼動人，大家都只是聽著。

再說一遍：這世界根本不在乎你多麼努力，只在乎你努力的成效。因為這世界從來不相信眼淚，這世界只看結果。在你成功前，沒人關心你的努力，所有的痛，只有你一個人扛，你也必須一個人扛，學會一個人安靜的長大。

現在，如果再給我一次機會去回答那位同學的問題，我想我會這麼回答：「孩子，別抱怨你的努力沒有收穫，你至少有努力的資格，有些人連努力的資格都沒有。」

在你有成果前，所有的努力不要到處跟別人說，去博得別人的同情。大家只會看你的結果，聽你成功後的經驗，沒人喜歡聽你成功前的抱怨。那些苦，就先嚥下去吧。你要相信，那些苦不會白吃，只會在你有所成就後，成為你吹牛的資本和讓別人羨慕的經歷。但**在你什麼都沒有時，安靜的努力，是你變強的唯一出路**。耐住寂寞，才能守住繁華。

你可能會說，我這麼努力，萬一沒有好的結果，怎麼辦？

我想告訴你，**努力可能不會成功，但不努力你會後悔啊**。去安靜的努力，不喧囂的奮鬥，去用心拚命，別誇大自己的苦，因為沒有苦是白吃的，沒有路是白走的。這些苦，都會在你發光那天，被人看見，讓人感動。

學校沒教，你該趁早知道的事

1. 這世界根本不在乎你多麼努力，只在乎你努力的成效。如果你的努力沒有結果，就等於沒有努力。
2. 在你渺小時，沒人會在乎你的努力；當你成功後，才會有人願意聽你的故事。那些故事，才是有血有肉的。
3. 努力可能不會成功，但不努力你會後悔。

02 夢想成真的五條定律

你可以不知道自己想要什麼，但一定要清楚自己不要什麼。排除不要的生活，剩下的，至少不是你討厭的生活。

有個叫阿瓜的斷夢人，他想做音樂，卻被母親頻頻阻攔，並且要求他留校當老師，最終他不僅傷害了自己心愛的女生，還丟掉了自己做音樂的夢想。好在最後，他撿起了吉他，放棄了穩定，踏上了遠行的火車。

阿瓜的故事是大城市年輕人的現實寫照——迷茫、不知所措。於是大家開始問：「為什麼聽了這麼多道理，還是過不好這一生？為什麼夢想最後變成了夢和想？」、「為什麼自己設計的所有夢想，都望塵莫及，最後變得破碎不堪？」、「為什麼你總是迷茫，不知道前方的路？」

今天，讓我來分享五條關於夢想的定律吧。

細分夢想，切分目標

我參加過馬拉松比賽，但沒堅持下來，跑到一半上了回收車。在終點，我無比羨慕的採訪一位馬拉松運動員，是怎麼堅持跑完的，他說：「我不是跑了四十二公里，而是跑了四十二個一公里。」

的確，**拆分目標，只是為了讓目標更清楚**。

就好比你要考研究所，考研究所英語單字是五千五百個，如果你還剩三個月的時間準備，你就要制訂一個計畫：一天背六十個單字（還要複習，熟知怎麼使用）。這樣清晰的計畫，能讓自己減少許多焦慮，每走一步，就離終點近一些，更能在完成一個小目標後獲得一些成就感。這些成就感，能讓你走得更遠。

其實，所有偉大的目標，都是拆分而來的。他們實現了小目標後，繼續往前擴大自己的理想，然後變成了偉大的目標。

這些年，我之所以很討厭看自傳，是因為大多數自傳裡有一句假話：我從小就知道……沒人會在小時候就知道自己能成為企業家、百萬富翁。很多人是在成功後，故意給自己的童年故事「添磚加瓦」，其實每個人的童年都是一個「四面透風」的空房間。

科學的方法是，**永遠不要制定一個看不見的宏大目標，而是要細化到每一天**。其實，過好每天，未來一定不會差。

拆分目標的另一個好處是，讓自己活得真實。

我有一個好朋友耗子，他從小到大的夢想就是成為一名設計師，穿著西裝在辦公大樓裡有一份體面的工作。後來，他的女朋友問他：「你沒想過要創業嗎？」他忽然間有了「夢想」，當著所有人的面大聲說：「沒錯，我就是想成為像馬雲那樣的創業者。」

後面的日子，他逼著自己讀創業的書，甚至如瘋子一般辭了工作，折騰了一年，他又默默的回到原來的公司，成為一名設計師。

一次吃飯時，他跟我們說：「其實我對創業的事情根本不感興趣，我就是喜歡畫畫。有時候夢想這個東西，不能瞎喊，因為一瞎喊不但喊得不著邊際，也不是自己想要的。」

的確，當一些超級大的夢想被說出來，那些小的夢想就死掉了。而那些小夢想，才是最真實的夢想。

第一步的力量

《孤獨星球》《*Lonely Planet*》裡說：「當你決定旅行時，最難的一步就邁出來了。」其實，**實現目標最難的，就是邁出第一步**。我們大多數人在考慮怎麼瀟灑的邁出第一步，但是遲遲不敢前行，最後錯失良機。其實，所謂良機，並沒有人確定什麼才是最優的時間，只有邁出第一步，才知道是不是良機。

當你決定旅行，趕緊買一張機票；當你決定學習，趕快報一個班；當你決定讀書，先買一本書；當你決定減肥，先下樓跑半小時……有了第一步，第二步就會很自然的邁出去。

我媽就是一個這樣的人，她總想全部準備好再去行動，永遠不邁出第一步。

小時候我問我媽有什麼夢想，她說自己的夢想是環遊世界，我問她為什麼不去呢？我媽一邊做飯，一邊說：「你還小，等你讀小學，我就放心了。」後來我小學畢業了，我問她怎麼不去環遊世界，我媽說：「等你上初中，我就真的放心了。」後來我初中畢業，我又問她為什麼不去旅遊，而是總在家裡罵我，我媽很生氣，說：「等你大學聯考了，我就徹底放心了。」聯考結束那天，我問她什麼時候去旅遊，我媽說：「等你大學畢業找到工作，我就可以徹底放心了。」後來我大學畢業，我媽說：「等你結婚就好了。」

我都可以想像到後面的話——等你有了孩子、等你孩子上小學……各位是否發現，人生就是一個個輪迴，一代人終將老去，但總有人年輕，只要有人還年輕，你就可以繼續拖下去。

直到有一天，我媽來北京，總是嘮叨我。我真的生氣了，跟她說：「媽，妳別罵我了。我想問妳，如果現在問妳有沒有想去的地方，這個地方會是哪？」

我媽說：「想去杭州。據說杭州的西湖非常漂亮，還被印在人民幣上。」

我說：「媽，妳到底是喜歡人民幣還是喜歡西湖？」她說都喜歡。於是我走進房間，馬上買了兩張從北京到杭州的機票，我拉著她說：「妳身分證拿著，今天跟我出發。」

我媽嚇了一跳，說：「你爸的飯還沒有做，你是不是瘋了？」

我說：「我不管，跟我走。」

在我的死拉活拽下，她來到了杭州。我媽下了飛機，眼睛紅了，她說沒想到現實與夢想只有兩張機票和幾個小時的距離，關鍵是敢不敢邁出第一步。她說完就要哭，我遞過去一張一元，她拿著印有杭州美景的人民幣，一邊哭，一邊說：「養小孩真好。」

從那之後，我媽就停不了，她先提交了退休申請，然後誰也不管、誰也不顧的收拾好了行囊。我媽一個中年婦女，在一年的時間裡，去了六個國家、三十多個城市，現在她打電話給我只有兩件事情：第一件是「兒子，你姊姊和飯團兒最近怎麼樣」；第二件是「對了，媽沒錢了，記得匯點錢給我。」

當然這也帶來了副作用，我爸「瘋了」。雖然如此，但我爸也就瘋了一會兒，很快重回正軌。他們都過上了自己想過的生活。這就是邁出第一步的魅力。

我上大學時，有一位老師說了一句話，讓我印象十分深刻：**「當一件事情有五〇%的可能性可以成功時，你就應該嘗試一下。世界上沒有一〇〇%可以成功的事情，有一半機率都不試試，你還是個年輕人嗎？」**

一邊走，一邊調整

接下來就有人問了：「那要是失敗了呢？」

失敗就失敗啊，誰規定不能失敗呢？大不了從頭再來，大不了大器晚成啊。本身就一無所有，失去的只能是鎖鏈，得到的卻可能是整個世界啊。

在這個不停變化的世界裡，我們都得擁有一邊飛速奔跑，一邊尋找路徑的能力。就好比你愛上一位女孩，你有五〇％的機率可能會表白成功。但你表白後被拒絕，又會怎麼樣呢？誰規定不能第二次表白、不能等一段時間再表白、不能先做朋友後做戀人？邁出第一步，然後調整步伐，才是最聰明的做法。

一年前，我的一位學生準備英語考試，要求自己一天要背一百個單字，後來他發現每天背一百個太多了，堅持了幾天就疲憊不堪，於是他把目標減半，一天背五十個。就這樣，他用了多一倍的時間背完了所有的單字。雖然慢了點，但依舊完成了任務。

畢竟，世界在變，而你不變，僅僅指望著第一步，顯然不夠。每日的反思、每週的自省、每月的總結，都能幫助你重新制訂計畫，實現夢想。**不變的事情總是容易的，而困難的事情，總是變化的。**

可是，如果我實在不知道自己能做什麼、不知道自己想要什麼怎麼辦？我們活一輩子，有兩、三萬天，卻沒有花三天去真正思考自己想要什麼，也挺可悲的。在大學四年裡，**你可以不知道自己想要什麼，但一定要清楚自己不要什麼。排除不要的生活，剩下的，至少不是你討厭的生活。**

衡量自己的三要素

我們需要理解自己。美劇《超異能英雄》（*Heroes*）裡的克萊爾．班奈特（Claire Bennet）從小有自癒的能力，可是在這麼強大的能力下，她開始迷茫了：我到底是誰？我的潛力在哪？我只有皮膚能自癒嗎？我要是把胳膊砍掉，它會不會重新生長出來？把頭砍掉呢？那長出來的是什麼頭？

後來編劇在接受採訪的時候說：「其實這些超級英雄就是我們生活中的每一個人。我們不知道自己想要什麼、不知道自己是否融入了這個世界、不知道自己的能力是否強，也不知道邊際在何方。」

這段話其實給了我們一個啟示，要認識衡量自己的三要素——從內、從外、從心。

從內，看看自己的能力到底有多強。

從外，看看自己的專長是不是被市場需要。

從心，看看自己是否喜歡這樣的生活。

透過這個方法論來判斷，其實我們大多數人已經沒有多少選擇了，剩下的路，就只能義無反顧的走下去。

盯緊自己的目標

這一條看起來是一句雞湯，其實不是。跟你分享一個故事。在一場辯論賽上，我的一個朋友因為對方的一句話而勃然大怒，竟然說了髒話。我在臺下嚇出一身冷汗，要知道，辯論場上最怕的就是失態的對人不對事。因為辯論是講給觀眾聽的，你的所有觀點，都不是針對對手，而是表達自己，優雅的講給協力廠商聽。果不其然，那場辯論賽，他們得了很低的分數，最後失敗了。

我問他為什麼這麼生氣，他說沒控制住，想到了一些不開心的事情。後來他在朋友圈裡寫了一句話：**要盯緊自己的目標，不要因為情緒，忘記出發的理由。**

古典老師在《做生活的高手》演講中說過一句很有名的話：「把目光交給自

己的目標，而不要交給自己的對手。」的確，在這個訊息量龐大、誘惑極多、對手滿地的世界裡，你是否記得自己曾經的目標是什麼？你是否因為高額的房價，而忘記來「北上廣」（指北京、上海、廣州）的真正目的？你是否因為被丈母娘罵了兩句，而忘記愛情的真實模樣？你是否因為主管的不公，而忘記了當初進入這個領域的原因？盯緊自己的目標，才能成為生活中的高手。

學校沒教，你該趁早知道的事

1. 永遠不要制定一個看不見的宏大目標，而是要細化到每一天。
2. 當一件事情有五〇%的可能性可以成功時，你就應該嘗試一下。世界上沒有一〇〇%可以成功的事情。
3. 你可以不知道自己想要什麼，但一定要清楚自己不要什麼。排除不要的生活，剩下的，至少不是你討厭的生活。
4. 盯緊自己的目標，不要因為情緒，忘記出發的理由。

03 如果明天世界末日，你還有什麼沒做

這輩子，我們都在找目標，都在期待以後，都在等待明天，卻忘了，明天可能不會來，未來可能不存在。

如果明天是生命的終點，你還有什麼後悔沒做的事情？

如果你知道自己的時間將近，在最後的一段日子裡，你是否會反思，對自己而言什麼才是最重要的東西？有什麼人一直沒見？有什麼事一直沒做？有什麼人一直沒放下？

在宣傳圖書《你要麼出眾，要麼出局》時，我在安徽簽售，那是合肥的一家書店，一個女性讀者走到我跟前，忽然眼眶就紅了。她是附近一所軍校的學生，家住在北京。她拿著我的書，看著我，最終還是哭了出來：「龍哥，我想家，我不想待在這裡了。」

我最怕女生哭，於是趕緊跟她說：「別哭，妳先到那邊等我，我簽完其他人的，再跟妳聊。」

可是，我「食言」了。不是因為我不講信用，而是人太多，簽完已經一個小時過去了，女孩走了。我想，也許她請假時間已經到了，或者是她不願意等了。我暗自慶幸的嘆了口氣，因為就算我再次跟她溝通，也不知道說點什麼。

二〇〇八年，我和她一樣離鄉背井，來到北京的一所軍校。看著滿牆內的綠色，感到非常壓抑，我說不出話，身邊所有人都告訴我，要堅強、要堅持。那時我爸打電話給我，我在電話裡強忍著眼淚說：「爸，我想回家。」

我爸說：「孩子，堅持待下去，你總會離開家的。」

我爸說完這句話，我就不哭了，因為我意識到，這個複雜的問題已經不再是我哭啞嗓子就能解決的。**想要解決問題，眼淚無法做到，只有讓自己強大起來，爭取有一天能有選擇權，能選擇自己的命運才行**。這種自我的鼓勵，一直伴隨著我，直到大三申請退學。

退學那年，我遇到了非常大的阻力，直到大四上半年才離開軍校。有一件事情刺激了我，大三那年，學校有一個同學跳樓自殺。據說那個同學跳樓前被逼到了極限，然後從高樓層跳下。可是，人沒有馬上死，救護車過了一個小時才來，人被抬上救護車時才死。救護技術員說，他能聽到那人臨死前的喘息聲，那呻吟，刺骨、刺耳、刺心。

我和那個死去的哥們兒有過一面之緣，沒講過話。他的死，沒有記者報導，以至於我到現在都不知道他的名字。但因為這件事，我明白了，人如螻蟻，命如野草，生命可以如此單薄，可以說沒就沒。

最刺激我的，是一次在吃飯的路上，一個老師說：「真不能理解，為什麼要死啊？大不了退學啊！死都不怕，還怕什麼？」我依稀記得那個老師是用講笑話的方式說這句話，但這句話莫名的給了我很大的力量。終於，我決定退學，而且那時，我已經有很明顯的憂鬱症前兆了。

依稀記得，我在日記上寫了一句話：如果明天就是生命的終點，我還有什麼沒做？還有什麼事情會後悔？忽然間，我清楚了自己想要的東西，很簡單：我要過好每一天，按照自己的意願過好每一天。

直到今天，我的每一天都是我想要的，身邊的人，都是我最喜歡的。我很清楚，再怎麼上學，我也不會喜歡自己，更不會有屬於自己的未來。我時常會在晚上發呆，想到那個年輕時盲目自信的我，以及那個勇敢做決定的我。

你怕死嗎？

這些年我最喜歡的電影之一是《一路玩到掛》，裡面說一輩子結束時，人在上帝面前會被問兩個問題，如果你的回答都是「是」，你就能上天堂。第一個問題是你快樂嗎？第二個問題是你讓別人快樂嗎？因為生命很短，所以人總在有限的生命裡去尋找超乎生命的意義、去尋找能用生命捍衛的東西，只有這樣，才能讓生命變得更美好。

其實，這就是很多父母逼著子女努力奮鬥的原因——他們把子女當成自己生命的延續，自己無法找到這樣的目標，就讓子女背負。

這輩子，我們都在找目標，都在期待以後，都在等待明天，卻忘了，明天可能不會來，未來可能不存在。真正的快樂，是要去追求超乎自己本身的目標，同時讓自己和別人都快樂。

當我們知道自己的生命很短，甚至很快就結束時，是否會正視死亡，同時正視生命？我們不願意談論死亡，甚至懼怕，每次聊到死亡，就會感到無比恐怖。

在合肥的一個晚上，我見到了著名的法醫秦明。秦明最近很憔悴，用他的話說，他一直很憔悴，因為他的工作，總在生死之間。

我問他：「你天天面對死亡，有什麼最深刻的感覺嗎？」

他喝完杯中的酒，說了三個字：「好好活。」

什麼是好好活？就是在有限的生命裡，做有意義的事情，讓自己快樂。其實，當我們知道生命進入倒數計時時，所謂的深仇大恨、憋屈委屈、難受痛苦，都會煙消雲散，都會顯得不那麼重要。

秦明還講了一個故事：在一起交通事故發生後，受害人受傷嚴重，進醫院後，他被下了病危通知。醫生請來了法醫。法醫在門口，等待驗屍，卻被家屬拿椅子打傷，家屬一邊打，一邊說：「誰叫你們來的？你們是期待我家人死嗎？」

秦明搖著頭說：「因為人們都沒有做好死亡的準備，沒有正視死亡是生命的一部分，所以，在很大程度上，他們把不滿的情緒，轉移給了外面的世界。」

其實，只有面對死亡，才會積極生活。這是秦明告訴我的。所謂**好好生活**，**其實就是努力按照自己的意願過一生**。

珍惜每一個能呼吸的日子

寫到這裡，忽然有一些沉重，於是我翻了翻書，了解一些關於死亡的資料：在美國，二五%的醫療保險費用，花在了五%生命處於最後一年的病人身上，其中大部分錢用在了最後幾個月沒有明顯作用的治療上。這個資料在國內，也不容小覷。醫療資源也存在被浪費的問題，許多無法醫治的患者被要求「不惜任何代價搶救」，於是一部分資源被浪費了。

許多人在人生的最後幾年裡，並沒有得到很好的照顧，沒有尊嚴的離去，他們在大量的藥物、痛苦的化療、神志不清的狀態下結束了生命。用阿圖．葛文德《凝視死亡》（*Being Mortal*）一書中的話說：**「我們最終的目的，不是好死，而是好好的活到終了。」**

可事實呢？許多人生命的最後一段時間，是極度難過的，是沒有尊嚴的。為什麼我們這麼不願意離去？是因為關於死亡，我們從來沒有做好準備，而沒有準備好死亡，就沒有辦法好好的生活下去。

我的母親曾經跟我說過，最好的惜命，不是去買補品吃，而是精采的過好當下每一天。這句話讓我很有感觸，與其思考死亡後的生活，擔心死亡時的痛苦，還不如用心過好當下。因為**只有過好當下，才能無愧於心**。

《凝視死亡》這本書裡提到了臨終關懷和安寧療護，《死亡醫生》（*You Don't Know Jack*）這部電影裡提到了安樂死，這些東西，目前不在我們的醫療體系裡。當然，我不是支持安樂死，而是我們大多數人覺得自己還有大把青春可以揮霍，忘記了生命總會有終點。

每個國家的醫療體系，都有著自己的規則和規律。可是，生命的規律卻一樣：都是幾十年，最多一百多年，從幼年到青年、到壯年、到老年，再到死亡，誰也逃不掉。

我們因為太年輕，所以不去思考死亡。但你知道嗎？在一九八二年，耶魯大學的哲學系教授雪萊・卡根（Shelly Kagan）就開始盤腿坐在講臺上，和學生們聊起了死亡，帶著美國學生在最年輕時，了解生命和死亡的意義。後來他把課堂上和學生探討的話題，寫成了一本書——《令人著迷的生與死》（*Death*），有興趣的人可以找來看看。

而這一生，這一世，我們是否活出了比自己生命更重大的意義？是否活出了自己想要的一生？那些還在抱怨的人、還在浪費時間的人，不過是因為他們確定還有明天、還有未來、還有數不清的大把光陰。可是，如果人們開始意識到生命其實很短暫、意識到有可能沒有明天呢？

如果每天的生活都是恩典，你還會不會去追求那些無意義的事？還會不會去恨那些無意義的人？是否會放下一些不開心的事？是否不去拖延重要的事，馬上開始做呢？

學校沒教，你該趁早知道的事

1. 想要解決問題，眼淚無法做到，只有讓自己強大起來，爭取有一天能有選擇權，能選擇自己的命運。
2. 這輩子，我們都在找目標，都在期待以後，都在等待明天，卻忘了，明天可能不會來，未來可能不存在。

04 大學戀愛學分該修嗎？

門當戶對雖不重要，但精神上的門當戶對，決定兩人能不能走得更遠。

終於寫到了校園愛情。我接下來會寫很多案例，裡面的男生、女生，都是真實的。也有很多感觸，很多想法。甚至很多真相，都是赤裸裸的，讓人不那麼容易接受。但我還是要寫，哪怕會讓一些人讀得不舒服。就像你明明知道初戀可能沒結果，卻毅然決然的選擇飛蛾撲火。

安全感，是自己給自己的

女孩二十歲，她認識我的時候，我也不大。我們坐在一家咖啡廳，她哭得一塌糊塗。因為，她跟大叔型男友分手了。

女孩正在讀大二，對世界和社會充滿著懵懂和好奇，想要趕緊衝出象牙塔，卻又怕圍城外四面楚歌。她和三十多歲的男友，是在校園不遠處的一家咖啡館相遇。他剛談完生意，她剛上完自習，兩人惺惺相惜，很快留了聯繫方式，不久，就在一起了。他們談了三個月戀愛，她喜歡男友的沉穩，也喜歡他的博學，她以為他們能走很遠。可是，男友提了分手，說兩個人不合適，就別再見面了。

女孩很難受，跟我抱怨：「為什麼不適合？我覺得很合，我跟他在一起感到很舒服自在。」

我問：「那他怎麼說？」

她說：「說什麼我跟他不是一個世界的，我們的感情不平等，他總說很累，說我不了解他、不知道怎麼安慰他等，然後就提分手了。」

她繼續抱怨著，眼眶紅紅的，說：「以前跟同班同學談戀愛，我總覺得男生太幼稚，讓我沒有安全感。後來我跟大叔談戀愛，他又嫌棄我不懂他，不能和他並肩作戰。我真的快要瘋了，我是不是應該找個女生？」

我聽完愣住了，不是因為她講的話好笑，而是從她的話語中我知道：她之前談過一個和自己年紀差不多大的男生，但是分手了。我問：「那，之前那個，和妳一樣大的那位，你們為什麼分手？」

她嘆了一口氣，說：「那個別提了，他太幼稚了，而且根本不懂愛，我跟他在一起看不到未來。我跟你講啊，有次我說渴了，他竟然買了一瓶冰水給我。如果是大叔，一定會買熱的。」

我聽得有點不舒服，但還是說：「愛不夠，可以今後彌補，畢竟他年齡不大嘛。那他努力嗎？」

她抓了抓頭，說：「是真的很努力，但論成熟、談吐、安全感，他真的不如那個大叔。說實話，龍哥，雖然我不拜金，但人總要在大城市裡生活吧，總需要柴米油鹽吧？論財力，他也不如那個大叔。你說我一個女孩子，雖然正在讀書，但是不是也要提前考慮這個問題？」

我說：「妳嫌棄那個男生，而喜歡那個大叔，但妳還不是被甩了？」

她彷彿被我打到要害，瞪了我一眼，很快，她又回歸難過的樣子，然後說：「你說，他為什麼要甩掉我？」

我想了想，說：「和妳把那個男生甩掉的原因一樣。他覺得妳太幼稚了，跟他完全不在一個世界。」

她彷彿聽懂了什麼，要我繼續說。我說：「妳真不應該那麼快甩掉之前那個男生，雖然他年紀小，卻有著巨大潛力。男生在學校裡往往看不出驚人的能力，只有出了校園，才能看到曾經的巨大潛力爆發。所以，莫欺少年窮，他們不一定不行，只不過是時間的問題。只要時間夠，自己又能持續的努力，他就能在這個社會有著自己的一席之地。

「妳應該等他，陪他成長，和他共同打造一個家，而不是圖簡單，找一個什麼都有的。雖然誰都知道找個什麼都有的人舒服，但別人搭建房子給妳，也代表別人隨時能拆掉，留下一無所有的妳在野外奔波。」何況，**安全感從來都不是別人給的，更不是一個男人給的。安全感，是自己給自己的**。從他一無所有時開始陪著，比他什麼都有後，「寄生」到他的生活裡要更安全。

選擇不是當下，而是未來

我寫到這裡，估計很多女生又要反駁我了：「你一看就是童話故事看多了，要是每個男人都是好的，都在成功之後不拋棄妻子，年輕時不三心二意還好說，那要是遇到渣男呢，你負責啊？」

其實呢，渣男處處有，每年都很多，這點我當然承認，這輩子誰還不遇到幾個渣人？渣女也有很多啊，那總不能不去愛了吧？

我再講個故事。

我曾遇到一個正在讀大三的男生，學校一般，科系也不喜歡。他整天待在宿舍裡，瘋狂的打著遊戲，必修課選逃，選修課必逃。他逃課幹什麼呢？打電動。以前他還會因為要見女朋友而洗洗頭出去吃個飯，後來，他就長期光著身體，再也不洗頭了，身上的肉越來越多，他也越來越懶，因為女朋友把他甩了。後來我去他宿舍看過他幾次，每次他都在抱怨，說現在的女孩子拜金，自己不就難看點、沒錢點、買不起房、沒目標，還有點懶？除此之外，他還有什麼不好？

我瞪著他說：「你還剩什麼？」

他沒抬頭，繼續打電動，抱怨著、痛斥著。我轉身離開宿舍時，心裡滿滿的充斥著對他的感受：既是可憐，又是可悲。我可憐他怎麼過著這種日子，被女生甩了，就蓬頭垢面，沒有目標；可悲的是，他不知道，女孩子根本不是嫌他窮，而是在他身上，看不到希望。

年輕的男孩子，往往沒有社會地位、沒有充足的資金、沒有令人瞠目結舌的背景。但是，可靠的男孩子有青春、有野性、有夢想、有追求，他們不浪費時間在遊戲上，更不會瘋狂的抱怨、迷茫，他們雖一無所有，但逆風奔跑，給了女孩子希望。女孩子明明可以用最年輕的時光，去找各方面條件都更好的人，為什麼還要跟你在一起？原因很簡單，因為你能讓她看到光，讓她看到希望。

女孩子在青春期的成長速度往往比男生快，這也是很多青春題材電影裡，男女主人公不能在一起的最大原因：思維不平等，交流不順暢。**門當戶對雖不重要，但精神上的門當戶對，決定了兩個人能不能走得更遠**。所以，男孩子需要快點成長。一個不努力的男生，是不配擁有好愛情的。就像一個總是拜金的女生，也不配擁有純潔無瑕的愛情。

談一場不分手的戀愛

我曾寫過一篇文章叫〈靈魂若無平等交流，感情也就無處可息了〉。文章的中心思想是，真正平等的感情，需要兩個人攜手共進，共同打拚出一片家園，少一個都不行。

誰說畢業就必須分手？誰說再見就是再也不見？其實不然，所有的分手，都不過是因為兩個人的步伐不一致、方向不相同。這些，都能透過平等交流和共同進步得以解決。這世上除了黑白，還有五彩繽紛的顏色，總有一種，是兩個人都喜歡的。

回到第一個故事，女孩子為什麼會被大叔甩了？原因很簡單，大叔滿腦子想工作、想買房、想投資時，她僅僅在想樓下的衣服要打折了、考試過不了怎麼辦……當一個人總是踮起腳去愛另一個人、總是彎著腰去吻另一個人時，這樣的感情，註定會壓死一方，累死另一方。放手，是早晚的事情。

美好的感情是齊頭並進的，男孩子可以為女孩子不打電動，多看書、多實習；女孩子可以為男孩子少買一個包，多陪伴、多鼓勵。

有很多人問我：「老師，你覺得大學四年要不要談戀愛？」我的答案是，當然要。在大學還有比這個更能記一輩子的事嗎？但是，任何一段高價值的戀愛，一定是建立於彼此優秀和共同進步的道路上。互相拖累，相愛相殺，彼此摧殘，這種愛情只出現在韓劇裡，放在生活裡，三天就死，雖然難忘，必是噩夢。

或許畢業後，會分道揚鑣；或許長大後，終究會別離。但自己無怨無悔，因為雖一無所有，卻大汗淋漓、玩命的愛過你。哪怕沒有走遠、沒有結局，也曾讓自己，變得更美麗。

學校沒教，你該趁早知道的事

1. 安全感從來都不是別人給的，更不是一個男人給的。安全感，是自己給自己的。
2. 門當戶對雖不重要，但精神上的門當戶對，決定了兩個人能不能走得更長遠。

後記
未來的學校會是什麼樣？

到尾聲了，我也展望一下未來。

前些日子，我去一所中學做分享，因為上午沒事，我跟校長聊天，看了看他們的課程表，驚了——學生們的課堂時間依舊是每堂課四十五分鐘。我想起我上中學時，一堂課也是四十五分鐘。這麼多年，一直沒變。

你有沒有發現，我們從小到大，一堂課都是四十五分鐘，休息十分鐘，然後接著上一堂課。你是否想過，四十五分鐘的教學時間真的是天經地義的嗎？如果不是天經地義，我們繼續提出一些疑問：每年九月，一批新生跨入校門；每年六月、七月，一批畢業生離開校園，鐵打的校園，流水的學生。這個月分又是怎麼定下來的？是天經地義的嗎？

我還記得許多家長為了趕九月入學，甚至把生孩子的日期都定好了，一定要確保孩子在八月之前生下來。這聽起來很離譜，但正在許多地方真實發生著。這是過去和現在的教育，未來的教育會是什麼樣？這裡推薦一本書，由朱永新所寫的《未來學校》，書中有個大膽的假設：未來的學校可能會變成一個個學習中心，現在的學校，恐怕會蕩然無存。

當然，這是一個大膽的假設，你可能不相信，但不要急著反駁。人類社會不是一開始就有學校的。學校是人類發展到一定階段的一個產物。這一產物，已經存在很久了，所以到未來，會有進化的可能。

未來的學校

學校從古至今可以分為四個階段。

第一個階段叫做前學校階段。原始人圍繞在火堆旁、大樹邊，聽媽媽講過去的故事，聽族長說奇聞逸事，聽那些天上飛的、水裡游的、地上跑的故事都是這個階段。

第二個階段叫做學校階段。我查了很多史料，學校雛形約出現於西元前三千五百年，是古巴比倫兩河流域蘇美爾人的「泥版書屋」；也有史料顯示是西元前兩千五百年，即古埃及的宮廷學校。但這些都慢慢演變成了現在的現代學校階段。

第三個階段叫做現代學校階段，也就是我們現在的學校。隨著工業革命應運而生的現代學校，按照班級結構，有統一的教材、教學大綱、上課時間、教學內容、課程設置。

一百多年前，中國還沒有真正意義上的學校，更沒有什麼公立教育。接受教育是少數人才有的機會，這些人家必須非富即貴，才有機會接受教育。所以那個時候叫私塾，也就是你必須有錢，才會有老師去教你。到一九〇五年廢除了科舉制度、開展了新學堂的改革，一九〇九年國家教育機構才頒布了《改良私塾章程》，私塾才逐漸變成了近代小學。

我們現在的這種教學制度，比如四十五分鐘制、入學畢業的時間，很多都是很久之前制定的。可是，過了這麼久時間，人類連基因都發生了一些變化，加上有了網路，這一套邏輯還成立嗎？

教育急需一場變革。

一百多年後的今天，我們再看教育，會變成什麼樣？教育可能會迎來第四個階段——後學校階段，即未來學校。

未來的教育

說到教育改革，突然想提到一個人——伊萬・伊里奇（Ivan Illich）。

伊里奇是一個全才，他研究過哲學、歷史神學、人類學等看起來不相干的學科，還都研究得不錯。一九七〇年代，伊里奇寫了一本書——《去學校化社會》（*Deschooling Society*），這本書出版後一下子引起了熱議，直到今天，這本書依舊對人們有著深遠影響。

他在書裡說，現在的學校不僅阻礙了真正的教育發展，還造就了無能力、無個性的人，造成了社會兩極分化和新的不平等。伊里奇呼籲廢除學校對於教育的壟斷，應該讓教育者享有選擇教育的權利，成為積極的消費者。當時他就提出一個很大膽的概念：要創造一個教育網路，任何人都可以透過社會生活和日常生活學習技能，並且將這些技能直接用到社會中。

這話竟然來自一九七〇年代，那個時候，還沒有網路，就已經有人開始想到不讓學校壟斷教育了。這也就是偉大教育者的超強技能——他們永遠看向未來。這個技能，是很多大學生不具備，但對他們又極其重要的——遠見。

大家有沒有發現，我們在學校學的很多東西跟社會是脫節的，在社會中能用到的很少，於是你畢業等於失業。那些真正有用的知識，還要進到社會再去學習，這不荒謬嗎？但仔細想想，也正是因為知識已經從學校裡「走」出來，沒有被學校壟斷，我們才能看到這麼多。

無論怎麼說，我們不得不承認現在的學校制度出現了問題。如果要總結，就是太強調效率優先，這背後是工業革命帶來的產物——**學校用工廠化的生產方式去「生產」人才**。用統一的入學時間、上課時間、大綱、教材、教學制度、教學進度、考試來評價年齡相同，但是個性和能力完全不一樣的人。

人才怎麼可能整齊劃一？你現在用整齊劃一的教育模式去教育孩子，然後安排他們的生活跟學習，那你培養出來的是什麼？就是一群毫無個性、永遠聽話、沒有想法的年輕人。那怎麼可能指望這些年輕人之中，突然有人站出來說自己跟這個世界是不一樣的？

古希臘有一個怪物叫普洛克拉斯提（Procrustes），他有一張鐵床，經常邀請人們在家裡過夜，但是只有身高跟床一樣的人才可以睡覺。比床長的人要砍掉腿，比床短的人要強制拉得跟床一樣長。這個床，像不像我們現在的教育制度？像不像我們現在的學校？

這就是我在本書裡不停鼓勵大家，好好利用網路的原因。因為在這個時代，你可以透過一條網路線，看到更大的世界、聽到不一樣的課、見到不一樣的人，你可以變得不一樣。

千萬不要小看網路。人類透過多少年的努力，才讓網路教育走到每位大學生的身邊。二〇〇〇年初，國外最先嘗試磨課師（即「大規模開放式線上課程」，Massive Open Online Courses，MOOCs）的方式，讓更多知識離開學校。MOOCs是開放課程的英文簡稱，M代表Massive（大規模）；第一個O代表Open（開放），不分國籍、不分區域，你只要註冊，就能夠上課；第二個O代表Online（線上學習）；C代表Courses（課程）。

令人吃驚的是，二〇一一年的秋季，一百九十多個國家加入了磨課師，其中十六萬人同時註冊了史丹佛大學的人工智慧導論課程。當時有教育家說：「它有沒有可能變成一場真正的教育革命？」

磨課師的出現，代表著大學即將迎來革命，未來的新型大學即將應運而生。接著，是大量的資本、人力、資源進入這個領域。在磨課師方興未艾之時，又出現了私播課 SPOC（Small Private Online Course），即「小規模限制性線上課程」。私播課還沒有火遍大江南北，小型一對一線上課、直播課又應運而生。

據美國科羅拉多大學波德分校教育學院（University of Colorado Boulder）發布的《理解和改進全日制網上學校》統計，全美國有兩百四十萬名學生在家上學。這種在家上課的案例，全國已經超過了二十萬。他們用一條網路線就可以把更好的知識收集起來，父母解決陪伴的問題，他們也可以去參加各種社交活動，以及社團來拓展自己的人脈圈。這樣的方式效率更高，還能讓孩子擁有更幸福的童年。

你看，這就是未來的學校。它可能不是學校，而是一個個學習中心。無論未來的大學會不會變成這樣，我們都應該做好準備。對每個大學生來說，未來並不是未來，而是已來，我們必須時刻做好準備。

學歷和學力

如果我們不以文憑為中心，而是以學生為中心；不以教材為中心，而是以知識為中心，教育就會發生很大的變化。

一九五〇年、一九六〇年代之前，教育一直是以教材、文憑為中心。從一九八〇年代開始，對素質能力的關注開始慢慢變成主流，這個時候，教育才開始以知識、學生為中心。

其實，當以知識和學生為中心，學歷就變得不那麼重要了。當以學生為中心，也就是說，自由是學生的權利，是不能被侵犯的。獨立造就領袖。尊重學生們的獨立意識，讓他們管理自己。只有獨立行動，他們才能成長得更好。有些學校對學生的控制欲太強了，好像一定要把學生控制得死死的。其實沒有必要，人家都是成年人了。

在美國有一個叫瑟谷（Sudbury Vally School）的學校就做得非常好。在這個學校，不管年齡多大，你只要入學了，你就為自己負責。你的未來由你自己規畫，你的個人事務由你自己來決定。學校只提供教室、工作室、圖書館、設備給你，即公共資源全部給你使用。你想怎麼使用就怎麼使用，你不找他們，他們也不找你。

老師對學生來說像服務生一樣，隨時等著你去找他，你不找他，他絕對不找你。沒有班長、沒有學習委員、沒有班主任，就是按照自己的興趣點組成一個個興趣小組，在共同的興趣當中，自己管理，自己制定計畫，然後考慮怎麼實施。興趣這個東西是多變的，你今天對這個有興趣，明天就沒了，那怎麼辦？沒關係，都由學生自己決定。你的興趣轉移了，你就離開這個興趣小組。

在學校，學生對老師的影響很大。如果一群學生反映老師不好，給他打零分，老師就不能再任教。決定一個老師能否被續聘的，也是學生。這就是以學生為中心，這所學校鼓勵每一個學生去做自己想做的事，但是你要為自己負責任。所以每個學生早上起來的第一件事就是問自己，什麼事對自己來說是重要的、什麼是不重要的。

這樣的學校會不會培養出那種自由散漫、融不進社會的學生？

有人對這所學校自建校以來，五十年的畢業生做了跟蹤調查，發現這所學校畢業生的管理才能，比許多學校的學生優秀得多。管理人才是這所學校的一大亮點。《未來學校》一書裡給出一個大膽的假設，在未來，「學力」比「學歷」重要得多。因為**學歷只證明著過去，而「學力」才意味著未來**。如果我們不能成為一個善於學習的人，我們肯定會被淘汰。

大學四年學的這些東西，其實在社會上幾個月、幾年就用完了，甚至用的時間更短，你必須有持續學習的能力。在這本書裡，我經常說上大學你要培養自學能力，以及發現問題、解決問題的能力。這些比你獲得學歷重要得多，你要為自己負責。你做好為自己的未來負責的準備了嗎？

你需要做什麼

所以，作為大學生，你需要做什麼？我想就以這段話作為結尾吧。

你需要做的是，**從今天起，為自己的未來負責**。想學什麼，就去找相應的資源；想成就什麼，就去找通往那裡的門；想成為什麼樣的人，就要朝著什麼路去走。走入成年人的世界，你就要學會獨立自主、堅強有韌性，在孤獨中成長，在痛苦中涅槃，在低谷中尋找期待。願你逆風不懼怕，勇往直前。

附錄A

大學生必讀的五十本書

網路上有很多大學生必讀的一百本書的推薦，我是不相信有什麼必讀的，那些吹捧必讀書單，和吹捧養生祕笈的通常是一類人，但出於標題醒目、簡潔考慮，我還是取了個自己看都不舒服的標題。網路流傳的書單，我仔細看了，大部分書目內容晦澀難懂，還有很多連社會人士都很難讀懂，我不知道為什麼有這麼多書單在如此刁難大學生。與其毀掉他們的閱讀興趣，還不如不推薦。

我的選書邏輯很簡單：第一，有趣；第二，看得下去；第三，有用。這裡說的「有用」，除了技能上的，就是思想上的沉澱和改變。

- 《活著》，余華。
- 《命若琴弦》，史鐵生。

- 《小王子》（*Le Petit Prince*），安東尼・聖修伯里（Antoine de Saint-Exupéry）。
- 《拆掉思維裡的牆》，古典。
- 《我們仨》，楊絳。
- 《願有人陪你顛沛流離》，盧思浩。
- 《輕鬆駕馭意志力》（*The Willpower Instinct*），凱莉・麥高尼格（Kelly McGonigal）。
- 《紅與黑》（*Le Rouge et le Noir*），斯湯達爾（Stendhal）。
- 《挪威的森林》《ノルウェイの森》，村上春樹。
- 《影響力》（*Influence*），羅伯特・席爾迪尼（Robert B. Cialdini）。
- 《大亨小傳》（*The Great Gatsby*），史考特・費滋傑羅（F. Scott Fitzgerald）。
- 《我與地壇》，史鐵生。
- 《與成功有約》（*The 7 Habits of Highly Effective People*），史蒂芬・柯維（Stephen R. Covey），西恩・柯維（Sean Covey）。

- 《剃刀邊緣》（*The Razor's Edge*），威廉・薩默塞特・毛姆（William Somerset Maugham）。
- 《如何閱讀一本書》，莫提默・艾德勒（Mortimer J. Adler），查理・范多倫（Charles Van Doren）。
- 《你只是看起來很努力》，李尚龍。
- 《誰說人是理性的！》（*Predictably Irrational, Revised and Expanded Edition*），丹・艾瑞利（Dan Ariely）。
- 《自卑與超越》（*What Life Should Mean to You*），阿爾弗雷德・阿德勒（Alfred Adler）。
- 《被討厭的勇氣》《嫌われる勇気》，岸見一郎、古賀史健。
- 《洞悉價格背後的心理戰》（*Priceless*），威廉・龐士東（William Poundstone）。
- 《定位》（*Positioning*），艾爾・賴茲（Al Ries）、傑克・屈特（Jack Trout）。
- 《我生命中的一段歷程》（*The Ride of a Lifetime*），羅伯特・艾格

（Robert Iger）。

- 《匱乏經濟學》（*Scarcity*），森迪爾・穆蘭納珊（Sendhil Mullainathan）、埃爾達・夏菲爾（Eldar Shafir）。
- 《有錢人想的和你不一樣》（*Secrets of the Millionaire Mind*），T・哈福・艾克（T. Harv Eker）。
- 《財務自由之路》（*The Road to Financial Freedom*），博多・雪佛（BodoSchäfer）。
- 《1984》（*Nineteen Eighty-Four*），喬治・歐威爾（George Orwell）。
- 《老人與海》（*The Old Man and the Sea*），歐內斯特・海明威（Ernest Hemingway）。
- 《垃圾場長大的自學人生》（*Educated*），泰拉・維斯托（Tara Westover）。
- 《生命咖啡館》（*The Why Are You Here Cafe*），約翰・史崔勒基（John Strelecky）。
- 《人類大歷史》（*Sapiens*），哈拉瑞（Yuval Noah Harari）。

- 《安娜・卡列尼娜》（*Анна Каренина*），列夫・托爾斯泰（Leo Tolstoy）。
- 《絕望者之歌》（*Hillbilly Elegy*），J.D. 萬斯（James David Vance）。
- 《後真相時代》（*Truth*），海特・麥當納（Hector Macdonald）。
- 《我們內心的衝突》（*Our Inner Conflicts*），卡倫・荷妮（Karen Horney）。
- 《向生命說 Yes》（*Man's Search for Meaning*），維克多・弗蘭克（Viktor E. Frankl）。
- 《奇效5：2輕斷食》（*The FastDiet*），麥克・莫斯里醫生（Dr. Michael Mosley）、咪咪・史賓賽（Mimi Spencer）。
- 《身體》（*The Body*），比爾・布萊森（Bill Bryson）。
- 《史丹佛大學「黃金90分鐘」睡眠法》《スタンフォードの眠れる教室》，西野精治。
- 《凝視死亡》，阿圖・葛文德。
- 《清單革命》（*The Checklist Manifesto*），阿圖・葛文德。

- 《心態致勝》（*Mindset*），卡蘿・杜維克（Carol S. Dweck）。
- 《跨能致勝》，大衛・艾波斯坦。
- 《不必為悲傷感到抱歉》（*How to Fix a Broken Heart*），蓋・溫奇（Guy Winch）。
- 《快思慢想》（*Thinking, Fast and Slow*），丹尼爾・康納曼（Daniel Kahneman）。
- 《非暴力溝通》（*Nonviolent Communication*），馬歇爾・盧森堡（Marshall B. Rosenberg）。
- 《瓦爾登湖》（*Walden*），亨利・大衛・梭羅（Henry David Thoreau）。
- 《槍炮、病菌與鋼鐵》（*Guns, Germs and Steel*），賈德・戴蒙（Jared Diamond）。
- 《關於跑步，我說的其實是……》《走ることについて語るときに僕の語ること》，村上春樹。
- 《月亮與六便士》（*The Moon and Sixpence*），威廉・薩默塞特・毛姆。
- 《你要麼出眾，要麼出局》，李尚龍。

附錄B

大學生必看的三十部電影

在這裡，我也總結了對我的人生影響很大的三十部電影，一併分享給你。好的故事，是點亮生命的明燈，一部好的電影，讓你過了很多年還能記住那背後的笑和淚。我建議你每週看一部，因為這些電影包含的能量真的是太大了。

- 《刺激 1995》（*The Shawshank Redemption*）。
- 《楚門的世界》（*The Truman Show*）。
- 《三個傻瓜》（*3 Idiots*）。
- 《當幸福來敲門》（*The Pursuit of Happyness*）。
- 《美麗境界》（*A Beautiful Mind*）。

- 《心靈捕手》（*Good Will Hunting*）。
- 《美麗人生》（*La vita è bella*）。
- 《我不是藥神》。
- 《可可夜總會》（*Coco*）。
- 《天外奇蹟》（*Up*）。
- 《我和我的冠軍女兒》（*Dangal*）。
- 《怦然心動》（*Flipped*）。
- 《春風化雨》。
- 《少年Pi的奇幻漂流》（*Life of Pi*）。
- 《教父（三部）》（*The Godfather*）。
- 《霸王別姬》。
- 《亂世佳人》（*Gone with the Wind*）。
- 《放牛班的春天》（*Les Choristes*）。
- 《阿甘正傳》（*Forrest Gump*）。
- 《辛德勒的名單》（*Schindler's List*）。

- 《梅爾吉勃遜之英雄本色》（*Braveheart*）。
- 《四海兄弟》（*Once Upon a Time in America*）。
- 《喜劇之王》。
- 《天堂電影院》（*Last Film Show*）。
- 《登峰造擊》（*Million Dollar Baby*）。
- 《攻其不備》（*The Blind Side*）。
- 《王者之聲》（*The King's Speech*）。
- 《叫我第一名》（*Front of the Class*）。
- 《最貧窮的哈佛女孩》（*Breaking Night*）。
- 《進擊的鼓手》（*Whiplash*）。

這是我壓箱底的書單和影片名單。我一直很後悔的是，等到離開大學校園後，才意識到這些作品是多麼棒。我後悔沒有早點看到，期待你們儘早看到。

Think 261

高收入的能力，學校沒教

畢業面對的第一個問題，就是賺錢，但沒有教授會教——
現在知道，你少奮鬥 10 年、20 年

作　　者／李尚龍
責任編輯／蕭麗娟
校對編輯／黃凱琪
美術編輯／林彥君
副總編輯／顏惠君
總 編 輯／吳依瑋
發 行 人／徐仲秋
會計助理／李秀娟
會　　計／許鳳雪
版權主任／劉宗德
版權經理／郝麗珍
行銷企劃／徐千晴
行銷業務／李秀蕙
業務專員／馬絮盈、留婉茹
業務經理／林裕安
總 經 理／陳絜吾

國家圖書館出版品預行編目（CIP）資料

高收入的能力，學校沒教：畢業面對的第一個問題，就是賺錢，但沒有教授會教——現在知道，你少奮鬥10年、20年／李尚龍著.--初版--臺北市：大是文化有限公司，2023.08
368 面；14.8 × 21公分. --（Think；261）
ISBN 978-626-7328-46-0（平裝）

1. CST：成功法

177.2　　112010129

出 版 者／大是文化有限公司
臺北市 100 衡陽路 7 號 8 樓
編輯部電話：（02）23757911
購書相關諮詢請洽：（02）23757911 分機 122
24 小時讀者服務傳真：（02）23756999
讀者服務 E-mail：dscsms28@gmail.com
郵政劃撥帳號：19983366　戶名：大是文化有限公司
法律顧問／永然聯合法律事務所
香港發行／豐達出版發行有限公司 Rich Publishing & Distribution Ltd
地址：香港柴灣永泰道 70 號柴灣工業城第 2 期 1805 室
Unit 1805, Ph. 2, Chai Wan Ind City, 70 Wing Tai Rd,Chai Wan, Hong Kong
電話：2172-6513　傳真：2172-4355
E-mail：cary@subseasy.com.hk

封面設計／林雯瑛
內頁排版／Judy
印　　刷／韋懋實業有限公司
出版日期／2023 年 8 月 初版
定　　價／新臺幣 380 元（缺頁或裝訂錯誤的書，請寄回更換）
I S B N　978-626-7328-46-0
電子書 ISBN／9786267328484（PDF）
9786267328477（EPUB）